Wie viel Gleichheit baucht unsere Gesellschaft? Gerade auf dem Feld der Bildung werden soziale Unterschiede ausgespielt. Wie viele Unterschiede erträgt unsere Gesellschaft, und was bedeutet das für die Schule in Deutschland? Diese Diskussion will der Soziologe Heinz Bude in Gang bringen – weil sie weiterführt als der panische Blick auf die PISA-Werte.

»Heinz Budes ›Bildungspolitik‹ ist eine erfrischende Lektüre, ... weil er ... vor polemischen Pointierungen nicht zurückschreckt.« *Ulrich Greiner, Die Zeit*

Heinz Bude, geboren 1954, ist Soziologe und Leiter des Arbeitsbereichs »Politik und Gesellschaft der alten und neuen Bundesrepublik« am Hamburger Institut für Sozialforschung. Bei <u>dtv</u>: ›Die Ausgeschlossenen. Das Ende vom Traum einer gerechten Gesellschaft‹ (34599)

HEINZ BUDE

BILDUNGS PANIK

WAS UNSERE GESELLSCHAFT SPALTET

Deutscher Taschenbuch Verlag

Ausführliche Informationen über
unsere Autoren und Bücher
finden Sie auf unserer Website
www.dtv.de

Ungekürzte Ausgabe
2013
Deutscher Taschenbuch Verlag GmbH & Co. KG, München
Lizenzausgabe mit freundlicher Genehmigung des Carl Hanser Verlag
© Carl Hanser Verlag München 2011
Umschlagkonzept: Balk & Brumshagen
Umschlagfoto: gettyimages/F. Schussler/Photolink
Satz: Fotosatz Amann, Aichstetten
Druck und Bindung: Druckerei C. H. Beck, Nördlingen
Gedruckt auf säurefreiem, chlorfrei gebleichtem Papier
Printed in Germany · ISBN 978-3-423-34793-8

Inhalt

1. Die verfahrene Lage

Wer sich in Deutschland heute öffentlich über Bildung äußert, findet sich schnell in einer Falle wieder. Von der einen Seite warten die Leute nur darauf, dass man sich als hartherziger Verteidiger klassenmäßiger Privilegien entpuppt, und von der anderen sind alle Antennen darauf gerichtet, ob man als Feind oder als Freund für das Wohl der eigenen Kinder spricht. Beide Seiten sehen sich im Recht und sprechen der anderen das Rederecht ab. Eine dritte Position wird nicht geduldet.

Die einen, die im »aufgeklärten Milieu« die herrschende Meinung darzustellen meinen, empören sich über die ungeheure soziale Selektivität des Bildungs- und in Folge davon des Lebenserfolges in Deutschland. Die dazu erhobenen Daten vermitteln ein ums andere Mal dasselbe deprimierende Bild einer geschlossenen Gesellschaft, in der die soziale Herkunft wie nirgends sonst in Europa über den erreichten Bildungsabschluss und den erklommenen sozialen Status im Leben entscheidet. Weniger als 1 Prozent der Bevölkerung aus einem Elternhaus, in dem der Vater ungelernter Arbeiter ist, schafft es, in eine leitende Angestelltenposition zu gelangen. Dagegen werden etwa zwei Drittel der Kinder aus Familien leitender Angestellter selbst wieder leitende oder hochqualifizierte

Angestellte.[1] Das passiert in einem Land, das sich über eine lange Nachkriegszeit als Aufstiegsgesellschaft begriffen hat, in der die Tochter eines katholischen Landarbeiters Scheidungsanwältin und der Sohn eines Bergmanns Ingenieur im Flugzeugbau werden konnte.

Der zentrale Grund dafür scheint klar zu sein: Es ist das dreigliedrige Schulsystem von Hauptschule, Realschule und Gymnasium, das viel zu früh sortiert und viel zu wenig kompensiert. In Deutschland glaubt man immer noch, dass beim Übergang zur fünften Klasse festgestellt werden kann, welches Kind auf die Universität gehört, welches sich auf eine Facharbeiterexistenz vorbereiten soll und welches sich bestenfalls für die »Jedermanns«- oder besser: »Jederfrausarbeitsmärkte« der Randbelegschaften und der Selbstbeschäftigten rüsten kann. Und danach soll sich eigentlich nichts mehr bewegen: Die Gymnasiasten bleiben unter sich, lernen Gedichte von Hölderlin kennen, dürfen sich Gedanken über das Unentscheidbarkeitstheorem von Gödel machen und sollen selbständig ein Referat über das Schicksal chinesischer Wanderarbeiter erarbeiten; bei den Realschülern steht der Unterricht für die Arbeitswelt mit dem Ideal des Lernens am Material im Vordergrund, womit sie vielleicht noch eine fachgebundene Hochschulreife erreichen können; und die Hauptschüler sollen sich schon mal damit anfreunden, dass sie sich als Frisörin oder als Koch in Mindestlohnbereichen durchschlagen müssen.

Das Ergebnis dieses brutalen selektiven Mechanismus steht der Gesellschaft heute vor Augen: Das Entstehen eines institutionellen Ghettos im Bildungssystem, wohin kein Lehrer will und schon gar keine Lehrerin, wo auf dem Schulhof der Ethnorassismus von Palästinensern gegen Russen, von Albanern gegen Ghanesen und von Türken gegen Deutsche regiert und wo den Schülern und Schülerinnen beschieden wird, dass sie nicht nur arm an Zertifikaten, sondern auch an Kompetenzen sind. So ist die Hauptschule zur Restschule geworden, wo die von der Wirtschaft dringend benötigten Talente verplempert werden.

Nüchternen ausländischen Beobachtern erscheint Deutschland als Land hoher ökonomischer und geringer sozialer Produktivität. Man investiert vorrangig in Maschinen und Management und nachrangig in Menschen und Mentalitäten. Bis in die neunziger Jahre des letzten Jahrhunderts hatte sich die Politik der Bundesrepublik daran gewöhnt, dass genug fachgeschultes Personal für die exportorientierte Hochproduktivitätsökonomie zur Verfügung stand. In der frühen Bundesrepublik der fünfziger Jahre waren das die gut ausgebildeten und hochmotivierten Flüchtlinge und Vertriebenen aus dem Osten sowie die hungrigen und geschickten Bewohner der ländlichen Gebiete Oberbayerns, Ostfrieslands oder des Schwarzwaldes, die in der Autoindustrie, im Maschinenbau oder in der chemischen Industrie unterkamen; und in den neunziger Jahren hat die nach dem Mauerfall ins Land strömende polytechnische Intelligenz aus Mitteleuropa und Russland als Manpowerreserve gedient. Für Bürgerkriegsflüchtlinge wie für die »Russlanddeutschen« war das vereinte Deutschland noch einmal das Gelobte Land. Und dazwischen haben in den siebziger und achtziger Jahren des letzten Jahrhunderts die geduldigen »Gastarbeiter« aus Südeuropa und vor allem aus der Türkei die Anlernpositionen am Band oder im Lager besetzt. Wenn die Bänder liefen und die Schornsteine rauchten, kamen die Leute wie von selbst.

Das Reservoir für diese »innere Landnahme«[2] hat sich heute erschöpft. Die Türkei stellt sich zu Beginn unseres Jahrhunderts als aufstrebende Volkswirtschaft dar, die ihren Einwohnern erweiterte Chancen für ein gutes Leben bietet; und Polen zum Beispiel ist längst ist mehr nur die »verlängerte Werkbank« westlicher Unternehmen. Man sieht sich angesichts eines durchschlagenden Fachkräftemangels jetzt genötigt, in die Populationsreserven zu investieren, die im Lande selbst noch vorhanden sind. Man kann in einer solchen Situation 8 oder 10 Prozent eines Jahrgangs nicht einfach als Restgröße abschreiben. Die Hauptschule kann nicht länger als Parkbank für die Unterklasse hingenommen werden, das gesamte Bildungssystem muss vielmehr so renoviert werden, dass dieses brachliegende Arbeitskraftpotential wirtschaftlich genutzt und gesellschaftlich anerkannt werden kann.

Die Lösung dieses Problems, das man ernsthaft nicht bestreiten kann, scheint auf der Hand zu liegen: Es ist die Ganztagsschule als Vorstufe einer Einheitsschule mit differenzierten, aber gleichrangigen Abschlüssen. Der Königsweg einer investiven Bildungspolitik besteht in der Verlängerung der gemeinsamen Beschulung aller Kinder. Denn je länger die Kinder gemeinsam lernen, umso größer ist die Chance, dass sie voneinander lernen. Die von Hause aus Privilegierten lernen dadurch, dass sie anderen zeigen, welche Informationen relevant für die Lösung eines Problems und welche dafür irrelevant sind, selber besser zu lernen; und die von Hause nicht so Privilegierten lernen in dem Maße, wie sie kürzere Wege erkennen und direktere Verbindungen erschließen, dass es beim Lernen etwas zu lernen gibt. Insgesamt lernen alle voneinander, dass man auf unterschiedlichen Wegen zum gleichen Ziel kommen kann.

Vor allem aber entlastet diese Art des gemeinsamen Lernens das Lehrpersonal vom Zwang zum schnellen Urteil über ein Kind. Es wird Zeit für Lernprozesse gewonnen, die Nachteile ausgleichen und unvermutete Talente an den Tag bringen. Die Lehrperson wandelt sich von der Vorführerin und Instrukteurin im Frontalunterricht zur Anregerin und Begleiterin von Lernprozessen im Gruppengeschehen. In dem Maße, wie die Lehrerin und der Lehrer dabei das einzelne Kind vor Augen haben, dient die individuelle Förderung dem Fortschritt aller.

Es geht offenbar nicht anders: Man muss die Spitze entprivilegieren, um die Basis zu reaktivieren. Am Ende muss das Gymnasium dran glauben, weil nur so die produktive Mischung herzustellen ist, die das ganze System in Bewegung hält. Die Herausforderung besteht darin, den Teufelskreis zu durchbrechen, der die einen in der Schule erfahren lässt, dass sie wie von selbst immer besser und die anderen, dass sie, was auch immer sie unternehmen, immer schlechter werden. In der Schule sollen doch alle ihre Chance haben: Die aus den bildungsnahen genauso wie die aus den bildungsfernen Elternhäusern. Mit der institutionell arrangierten Verlängerung des gemeinsamen Lernens könnte man zwei Fliegen mit einer Klappe schlagen. Man könnte die soziale Selektivität bekämpfen und die gesellschaftliche Produktivität erhöhen.

Warum aber, wenn das alles so glasklar dargelegt werden kann, passiert nichts? Auch darauf hat die eine Seite eine schlagende Antwort. Es stehen die massiven sozialen Interessen der Mittelklassen dagegen, die von sozialmoralischer Ansteckungsangst getrieben werden und sich mit verstärktem Bildungsprotektionismus gegen jene anderen abschotten wollen, die keinen Sinn für die Bedeutung von Bildung haben und die Schule als billigen Aufenthaltsort für ihre Kinder betrachten. Man will seine Kinder aufs Gymnasium retten, weil es dort nur mit Kindern von Eltern in Berührung kommt, die wissen, was die Stunde geschlagen hat, die leistungsbereit, sozial engagiert und zivilgesellschaftlich eingebunden sind, bei denen also im sozialen Sinne kein Unterschied zu einem selbst besteht. Die defensiv eingestellten Mittelklassen verteidigen das Gymnasium als Refugium der Selbstähnlichkeit in einer Welt heilloser Differenzen. Wenn man unter sich bleibt, braucht man keine Angst davor zu haben, dass die Kinder falschen Kontakt pflegen und in der Phase des pubertären »Jugendirreseins«, wie das Eduard Spranger in der *Psychologie des Jugendalters* von 1924 genannt hat, auf die falsche Bahn geraten. Auf einem Gymnasium mit Erziehungsanspruch und Leistungsbetonung können die Eltern sich darauf verlassen, dass es für ihre Kinder so eingerichtet ist, dass die soziale Endogamie gewahrt bleibt.

Man weiß also von dieser Seite, worin die Probleme bestehen und was zu tun ist, und kennt sogar den Schuldigen, der alles verhindert. Dagegen kann nur eine vernünftige Mehrheit aus der Mitte unserer Gesellschaft etwas ausrichten, die Bildung als Bürgerrecht versteht. Entgegen einem ständischen Begriff von Bildung, der allein die Interessen einer bürgerlichen Klasse im Blick hat, zielt der Bürgerrechtsbegriff von Bildung auf das gesellschaftliche Fundament für die Freiheit des einzelnen. Es geht nicht um staatlich organisierte Nachhilfe für Spätentwickler und Zukurzgekommene, sondern um die Vermittlung der notwendigen Grundqualifikation des Staatsbürgers, der sich aus ungefragten Bindungen herausgelöst und zur Möglichkeit der Verwirklichung seiner Rechte befreit sieht.

Eine eingreifende Bildungspolitik wird dann zur Aufgabe eines Staates, der in der Bürgergesellschaft seinen Grund erkennt. So hatte es Ralf Dahrendorf schon 1965 in seiner bahnbrechenden Schrift *Bildung ist Bürgerecht* zum Ausdruck gebracht[3]: Um eine freie Gesellschaft zu errichten und zu erhalten, sei es unumgänglich, dass jeder Mensch Bürger sein kann nicht nur im Sinne seiner rechtlichen Chancen, sondern mehr noch im Sinne seiner sozialen Realitäten.[4] Daher dürfe das Bürgerrecht auf Bildung nicht zur formalen Chancengleichheit verkürzt werden. Es gehe in der offenen Gesellschaft, die der Initiative und dem Individualismus Raum gibt, darum, jeden einzelnen über gute Bildung dazu in die Lage zu versetzen, von seiner Freiheit tatsächlich Gebrauch machen zu können. Dafür ist nur eine einzige institutionelle Form denkbar: Die Schule für alle.

So versorgt sich die eine Seite mit Argumenten aus der

Bildungsdebatte der sechziger Jahre, die die vergessene Bildungsgesamtplanung, die überaus erfolgreichen Fachhochschulen und die weithin umstrittenen Gesamtschulen erbracht hat. Nicht wenige der Bildungsexperten, die sich heute zu Wort melden, haben ihre Wurzeln in diesem frühen Aufbruch zu einer »aktiven Bildungspolitik«.

Es gibt aber immer auch die anderen, die das alles hören, aber sich nicht länger als die Engherzigen und Arroganten beschimpfen lassen wollen, sondern Front machen gegen die außer Rand und Band geratenen Bildungsreformer, die sich in einer Haltung des »angemaßten Wissens«, wie ein Liberaler wie Friedrich August von Hayek sagen würde, über die Sorgen und Ängste der Eltern hinwegsetzen, die doch nur das Beste für ihre Kinder wollen.

Diese Mehrheit der bildungsbestrebten Eltern konstatiert eine beängstigende Steigerung von Leistungsanforderungen und von Zertifizierungsdruck im Bildungssystem und fühlt sich mit diesem zusätzlichen Erziehungsstress völlig allein gelassen. Die im Handstreich von der Bildungsverwaltung unter dem schnittigen Titel »G 8« durchgesetzte Reduzierung der Lernzeiten bis zum Abitur und zugleich die Nachrichten über unglaubliche Zulassungshürden für begehrte Universitäten versetzen einen in Unruhe. Besonders den erwerbstätigen Eltern, die beide einen guten Beruf haben, die Wert auf gute Manieren, gutes Essen und gute Bücher legen, nimmt das heutige Bildungssystem nichts ab. Im Gegenteil: Wenn es um den Kindergarten, wenn es um die Grundschule oder wenn es dann um das Gymnasium und wenn es schließlich um die Universität geht, versteht sich nichts mehr von selbst. Man kann doch sein Kind nicht einfach in den staatlichen Kindergarten in der Nähe oder auf die Grundschule im Quartier schicken, ohne vorher genaue Erkundigungen über entwicklungsanregende Vorschulerziehung und kompetenzfördernde Unterrichtsprogramme einzuziehen. Man wird geradezu dazu getrieben, wie aus dem Helikopter den Bildungsweg der eigenen Kinder zu manövrieren, zu unterstützen und zu überwachen.

Die gesamte Performanz des Bildungssystems hat sich in den letzten zehn Jahren gewandelt. Überall ist von »Exzellenz« die Rede, die man braucht, um sich auf der Welt gegen neue Konkurrenten durchsetzen zu können. Die Erhaltung der Konkurrenzfähigkeit ist das unausgesprochene Erziehungsziel aller zur Förderung der Exzellenz ergriffenen Maßnahmen im Bildungssystem. Die internationalen Leistungsvergleiche der Bildungssysteme, von denen sich die Bildungspolitik offenbar antreiben lässt, unterstützen diesen Eindruck nur. Das beginnt bei exzellenten Kindergärten, die die Eigenkreativität fördern, exzellenten Grundschulen, die eine hohe mathematische mit einer breiten musischen Förderung verbinden, und führt weiter auf exzellente Gymnasien, die den Bildungshorizont erweitern und trotzdem die einschlägigen Fähigkeiten trainieren. Und natürlich muss es am Ende eine Exzellenzuniversität für das eigene Kind sein, die man immer noch in Großbritannien oder in den USA sucht, die aber dank der Exzellenzinitiative auch bald in Deutschland existieren soll.

Man sieht sich genötigt, den optimalen Weg durch die Systeme der primären, sekundären und tertiären Bildung zu finden, um seinem Kind die angemessenen Startchancen bieten zu können, die es in einer Welt gesteigerter Konkurrenzfähigkeit zum Überleben benötigen wird. Das bedarf unzähliger Gespräche mit Freunden und Bekannten und gezielter Recherchen im Internet und kostet nervige Abendunterhaltungen mit dem Partner und schlaflose Nächte.

Diese Eltern verstehen die Welt nicht mehr. Bei ihnen selbst haben sich die Eltern herzlich wenig darum gekümmert, auf welche Grundschule sie gehen, welches Gymnasium sie besuchen oder gar auf welche Universität sie wechseln sollten. Das wurde nach Erreichbarkeit und Günstigkeit entschieden. Man ging auf die katholische Grundschule fünf Straßen weiter, wählte das neusprachliche Gymnasium im Viertel und nahm die Universität, die man sich selbst ausgesucht hatte, weil dort auch der Freund hinging oder weil man von der ZVS dort hingeschickt wurde. Überlegungen, wie gut die Schule oder wie renommiert die Universität war, spielten ihrer Erinnerung nach keine Rolle. Dafür hätten ihren Eltern auch der Sinn und die Informationen gefehlt.

Was tun diese heute unter Stress gesetzten Eltern, wenn sie von der anderen Seite hören, dass unser Bildungssystem im Dienste der Bildungsverlierer grundsätzlich umgemodelt werden muss? Sie wählen nach und nach die stille Migration aus dem öffentlichen Bildungssystem, das sich in ihren Augen durch soziale Zwangsmischung selbst destruiert, weil es sich nur noch auf die potentiellen Bildungsverlierer ausrichtet und die faktischen Verhältnisse eines kulturellen Klassenkampfes zwischen den Kindern aus Familien, die aufs Kind zentriert sind, und solchen, die anscheinend auf nichts zentriert sind, ignoriert. Die vielen neu gegründeten Privatschulen, die es nicht nur in bestimmten Großstadtbezirken gibt, antworten auf diese Nachfrage. Das zum Teil beträchtliche Schulgeld kann man als Preis für die Segregationsprämie verstehen. Diese Schulen vermitteln mit Englisch als Unterrichtssprache, Biokost als Schulspeisung und Hockeyteams als Aushängeschild den Eltern den Eindruck, dass ihr Kind hier sicher nicht mit Kindern aus »gefährlichen Klassen« in Kontakt kommt.

Die verfahrene Lage besteht darin, dass es keine glaubhafte Metaposition zu geben scheint, die das Recht beider Seiten anerkennt und ein Gespräch über eine gemeinsame Perspektive ermöglichen würde. Die offenbaren Schwierigkeiten des Bildungssystems mit wachsenden Heterogenisierungen von Eingangsvoraussetzungen bei den Kindern sind nicht zu übersehen. Schon in fünf Jahren wird in den Großstädten die Hälfte der Schulanfänger einen Migrationshintergrund haben, was sich durch die einfache Frage operationalisieren lässt, ob ein Elternteil nicht in Deutschland geboren ist. Davor kann man sich selbst in besseren Bezirken nicht schützen. Man wird keinen sozialen Zaun um seinen Lebensort ziehen können, um neureichen Emporkömmlingen oder andersgläubigen Ausländern den Zugang zu verwehren.

Aber genauso offensichtlich sind die Statuserhaltungsinteressen der Mittelklassen. Es käme ebenfalls einer Realitätsverweigerung gleich, wollte man nicht konstatieren, dass sich durch die Bildungsexpansion der siebziger und achtziger Jahre die Bildungsbasis in unserer Gesellschaft enorm erweitert hat und deshalb gerade die Bildungsaufsteiger ein verschärftes Interesse daran haben, dass ihre Kinder zumindest den Bildungsstatus der Eltern wieder erreichen. Diesen Schichten zuzumuten, sie sollten sich zu sozialem Märtyrertum bekennen und ihre Kinder als Einsätze für die Aushandlung eines neuen gesellschaftlichen Kompromisses zu sehen, ist wirklichkeitsfremd. Man kann in Deutschland gegen diese »Mehrheitsklasse« im Bildungssystem nichts auf den Weg bringen. Es hilft nichts, man wird eine dritte Position finden müssen.

Vor diesem Hintergrund bedeutete die Hamburger Entscheidung vom Sommer 2010, als durch einen Volksentscheid das Projekt der Einführung eines zweigliedrigen Schulsystems aus integrativen Stadtteilschulen mit darauf gesetzten exklusiven Gymnasien gekippt wurde, das Ende einer schönen Hoffnung. Der Schiffbruch dieses Projekts einer Koalition der Vernunft im Dienste bildungspolitischer Reformen hat nicht nur den Traum einer neuen Mitte aus sozialmoralisch konservativen und ökologisch reformerischen Kräften gründlich entzaubert, sondern die Fronten auf Dauer verhärtet. Was soll man machen, wenn die Vernünftigen, denen das Ganze am Herzen liegt, sich nicht durchsetzen können? Wenn eine breite parlamentarische Mehrheit von Rot, Grün und Schwarz nichts nützt? Wenn sogar das eigene Milieu nicht mitzieht?

Dann scheint es nur noch einen Ausweg gegen die Koalitionen des Privilegs und des Protektionismus zu geben: Die Verstärkung des staatlichen Zwangs gegen die verwilderten Eigeninteressen. Man muss die Gesellschaft zu ihrem Glück zwingen, sonst verwandelt sie sich nicht nur weiter in ein soziales Gefängnis, sondern sie verliert auch noch die innere Kraft zur Lösung der durch die vernachlässigte Pflege der Bildungsreserven entstandenen Probleme. Die Bildung ist ein öffentliches Gut, das man nicht dem Spiel der Partikularinteressen überlassen darf. Deshalb muss man umso hartnäckiger und nachdrücklicher eine aktive Bildungspolitik betreiben, die sich von jenen nicht schrecken lässt, die alles beim Alten lassen wollen.

Aber worin bestand der Konflikt und wer hat sich auf welche Seite geschlagen? Es war eine Fehlwahrnehmung, dass nur die sprichwörtlichen Chefärzte, Steueranwälte und Unternehmensberater aus den besseren Bezirken als Wutbürger gegen eine abgewogene und durchdachte Reform des Bildungssystems, welche die Einbeziehung in der Stadtteilschule mit der Akzeptanz von Abschließung beim Gymnasium verband, auf die Barrikaden gingen. Die Initiative zu dieser Bürgerbewegung ist offenbar von Repräsentanten dieser Gruppen ausgegangen, und die haben zweifellos entscheidend zur Erzeugung von Öffentlichkeitswirksamkeit beigetragen; aber die stillen Teilhaber und vor allem Teilhaberinnen, die dem Ganzen erst zu seiner Größe verholfen haben, sind durchaus nicht diesem bestimmten Oberklassensegment zuzuordnen. Da ist der »psychosoziale Mittelstand« der mit körperlicher und seelischer Gesundheit Beschäftigten genauso vertreten wie die »kreative Klasse« aus Medien und Kultur, der deutschstämmige Betreiber eines Feinkostgeschäfts genauso wie der türkischstämmige Kommunalbeamte, die alleinerziehende Grundschullehrerin genauso wie der Betriebsratsvorsitzende mit einem Kind aus zweiter Ehe, die alle das Vorhaben der teilweise von ihnen selbst gewählten Volksvertreter als Angriff auf die Zukunft ihrer Kinder verstanden haben. Man könnte sie zur »neuen Mitte« derer zusammenfassen, die von der Bildungsexpansion der 1970er und 1980er Jahre profitiert haben. Die Allermeisten von ihnen sind heute, was Bildung, Beruf und Einkommen betrifft, privilegiert, aber sie hegen stille Zweifel, ob ihre Kinder die Statusposition ihrer Herkunft werden halten können. Dafür machen sie weniger die mangelnde Motivation ihrer Kinder verantwortlich als die Ungewissheit der großen gesellschaftlichen Entwicklung und die Unsicherheit über das, was in zwanzig oder dreißig Jahren von der dann erwachsenen Generation an Fähigkeiten gefordert wird und an Frustrationen hinzunehmen ist. Man erwartet nicht, dass der erreichte Status der Familie in der Generationenfolge verbessert werden kann. Man wäre im Blick auf die Zukunft der Kinder zufrieden, wenn er gehalten werden könnte.

Diese letztlich defensive Gestimmtheit, was die Zukunft der eigenen Familie angeht, ist dafür verantwortlich, dass sie von der Vorstellung, ihre Kinder könnten mit Kindern aus Familien, denen Bildung nichts wert ist und die die grundlegenden Voraussetzung für ein diszipliniertes Verhalten in der Schule nicht selbstverständlich mitbringen, wild zusammengewürfelt werden, in Panik versetzt werden. Viele dieser zwischen Mitte der fünfziger und Mitte der sechziger Jahre Geborenen waren die ersten Akademiker aus ihren Familien und wissen daher, was sie sich selbst dafür abverlangt haben und wie sich vor allem die Mütter krummgelegt haben, um der Tochter oder dem Sohn zu einem Weg der Bildung zu verhelfen. Sie hatten immer das Gefühl, härter als die anderen arbeiten zu müssen, um dasselbe erreichen zu können. Es fehlt ihnen daher jedes Verständnis für Eltern aus bildungsfernen Milieus, denen es offenbar gleichgültig ist, was aus ihren Kindern wird. Jedenfalls sehen sie nicht ein, dass sie ihre eigenen Nachkommen als Motivationsvehikel für die Nachkommen anderer zur Verfügung stellen sollen. Die Gewinner der letzten Bildungsexpansion in Deutschland wollen mit Blick auf die Zukunft ihrer Kinder nicht als Verlierer der jetzigen Bildungsreformen dastehen.

C. Wright Mills hat schon zu Beginn der fünfziger Jahre in seinem Buch über die Klasse mit dem weißen Kragen⁵ auf die virtuelle Statuspanik in dieser neuen Mittelkasse aufmerksam gemacht. Dahinter steckt die Unklarheit darüber, was bei den Menschen im Büro im Zweifelsfall bei der Behauptung von gesellschaftlichem Rang wirklich zählt.

Für Mills besteht der Unterschied zwischen »alter« und »neuer Mitte« darin, dass nicht mehr primär nach Vermögen und Besitz, sondern nach Bildung und Wissen ausgemacht wird, wo jemand in der sozialen Statushierarchie steht. Zu vererben haben Verwaltungsbeamte und Lehrer, Sachbearbeiterinnen und Onlineredakteurinnen, Abteilungsleiter und Personalchefinnen nicht ein Geschäft oder eine Firma, sondern Wissenspatente und Bildungstitel. Was ihre Funktion im Betrieb ausmacht und womit sie ihre Bedeutung gegenüber anderen behaupten, ist das Wissen über Abläufe und das Bewusstsein über die Bedeutung von Zeichen. Man weiß, wie es läuft, und kennt die kleinen Unterschiede, mit denen man sich zur Geltung bringt. Das bringt ihnen in der Regel ein auskömmliches Gehalt und eine gehobene Position in der kollegialen Wertschätzungsskala.

Aber wenn eine Unternehmensberatung durch den Betrieb geht oder das Unternehmen den Besitzer wechselt, kann das schnell eine Umsetzung oder gar eine Freisetzung in den mittleren Rängen zur Folge haben. Wissen kann mit einem Mal durch neue Konzepte entwertet werden und bei der Art und Weise, wie man sich gibt und was man verspricht, können Wandlungen auftreten, die man nicht mitbekommt. Deshalb besteht ein innerer Zusammenhang zwischen Management, Design und Mode. C. Wright Mills will darauf hinaus, dass die Mittelposition der Dienstklasse, die ihnen einen Anteil an der Herrschaft sichert und ihnen den Blick von oben ermöglicht, zugleich den Grund ihrer Verwundbarkeit darstellt.

Daher rührt die Disposition zur Statuspanik. Man weiß untergründig, wie wenig verlässlich eine Position des Wissens und wie wichtig daher der Habitus von Bildung ist. Was man zur Bewältigung eines Jobs können muss, hat man in einem halben, aber doch höchstens in einem Jahr gelernt; umso wichtiger ist dann freilich die Inszenierung der Bedeutung dieser einzelnen Position für das Funktionieren des Ganzen. Nur dann ist man in der Lage, für sich Entscheidungen in einem komplexen Bedingungsfeld zu fällen und diese vor anderen zu rechtfertigen. Aber die Bedrohung durch die Einführung neuer Management-

methoden oder durch das Aufkommen anderer Stilele-
mente ist deshalb nicht vom Tisch.

Diese Kulisse des Geltungsstrebens muss man sich vor
Augen führen, wenn man die zurückhaltende oder abwei-
sende Haltung gerade der »neuen Mitte« zu den Bildungsreformen in Deutschland verstehen will. Es ist nicht so
sehr die Reformierung der Schule im Dienste der Integration, was diese Eltern auf die Palme bringt, sondern die
damit einhergehende Infragestellung einer schulischen
Kultur der Bildung. Wenn »gute Erziehung« für das Kind
an die Stelle eines »schönen Besitzes« für die Nachkommen getreten ist, dann kann man nicht erwarten, dass das
bloß bildungsökonomische Argument der Ausschöpfung
brachliegender Talentreserven verfängt. Die Revolte der
Ausgeschlossen lässt man sich zwar an die Wand malen,
aber daran glauben kann man in Deutschland ehrlicher-
weise nicht. Auch das gerechtigkeitstheoretische Argument, dass gerade eine freie Gesellschaft sich zur Bildung
als Bürgerrecht bekennen müsse, wird so lange nicht überzeugen, wie dies als Freifahrtschein für phlegmatische
Eltern und lethargische Kinder missverstanden werden
kann. Umso dringlicher stellt sich die Frage nach der
dritten Position, die weder vom Ressentiment gegen die
»neue Mitte« noch von einem gegen die »Unterklasse«
beherrscht ist.

2. Überall dasselbe

In Japan ist, zumindest was die Bildung betrifft, alles besser. Bei den unter dem Namen PISA (»Programme for International Student Assessment«) populär gewordenen internationalen Leistungsvergleichen der Bildungssysteme, bei denen etwa Kompetenzen im Lesen und Rechnen sowie in der naturwissenschaftlichen Bildung bei 15-Jährigen mit Hilfe standardisierter Testverfahren erhoben werden[1], schneidet Japan in der Regel mit hervorragenden Ergebnissen ab. Beim ersten Ranking dieser Art von 2000 belegten japanische Schülerinnen und Schüler mit 557 Punkten in Mathematik den ersten und mit 550 Punkten in den Naturwissenschaften knapp hinter Korea den zweiten Platz. Deutschland landete mit 490 und 487 Punkten lediglich im hinteren Mittelfeld, nämlich jeweils auf Platz 21 bei 32 teilnehmenden Ländern.[2] Auch in der Lesekompetenz lag Japan mit 522 Punkten deutlich vor Deutschland mit 484 Punkten.[3]

Nun könnte man sich damit herausreden, dass in Deutschland behutsamer, vielgestaltiger und ganzheitlicher gelernt und weniger gedrillt und gepaukt wird. Aber dem widersprechen die Urteile der unabhängigen Bildungsexperten. Man attestiert der japanischen Elementarschule im Gegenteil einen variationsreichen und anspruchsvollen Problemlöseunterricht[4] und streicht den horizontalen und egalitären Aufbau des japanischen Bildungssystems heraus[5]. Die Kinder bleiben in der Elementarstufe sechs Jahre zusammen, verbringen den Tag in der Schule und lernen in einer kooperativen und kameradschaftlichen Atmosphäre, die auf das Mitlernen der Schwächeren und die Hebung des Durchschnitts ausgerichtet ist. Es wird weniger die Profilierung des einzelnen verstärkt, sondern mehr die Gleichheit und das Leben in der Gemeinschaft betont. Die auf den ersten Blick für den deutschen Beobachter etwas streng anmutende Schuluniform unterstreicht freilich nur das von Freundlichkeit und Harmonie geprägte Schulleben. Das Sauberhalten der Schule durch gemeinsames Putzen sowie das Tragen von Schlappen statt der Straßenschuhe dienen der Einübung von Achtsamkeit und Sorgfalt im Umgang mit den Dingen des Alltags. Die Schulpflicht umfasst die sechsjährige Grundschule und die dreijährige Mittelschule. Aber 97 Prozent der Kinder wechseln dann noch auf eine Oberschule, in der die höhere Allgemeinbildung und die berufsfachliche Bildung zusammengelegt worden sind und mit der die sekundäre Bildung zum Abschluss kommt. Der Oberschulabschluss ist dadurch in Japan faktisch zum Bildungsminimum geworden. Sitzenbleiben ist auf der ganzen Strecke ausgeschlossen.

Die japanische Oberschule ist freilich nicht mit dem deutschen Gymnasium zu vergleichen. Absolventen der Oberschule sind keine Abiturienten. Es werden dort auch Schüler unterrichtet, die nach unserem Verständnis Real- oder Berufsschüler sind. Den Nachweis ihrer Hochschulreife erbringen die Oberschüler erst durch die Aufnahmeprüfung zu einer Universität.

Das ist aber nur die Vorderbühne eines gleichermaßen inklusiven wie effektiven öffentlichen Bildungssystems, das möglichst viele mitnimmt und alle zu hoher Leistung motiviert. Das erklärte Ziel, vorzeitige Selektion zu vermeiden, hat als nicht-intendierten Effekt, wie das soziologisch heißt, einen gnadenlosen Wettbewerb mit sich gebracht, der die letzten drei Jahre auf der Oberschule für viele Kinder zur Hölle macht. Die japanische »Bildungsganggesellschaft« macht nämlich das Erreichen einer attraktiven Berufsposition vom Nachweis eines wertvollen Bildungstitels abhängig. Den bekommt man nur von einer angesehenen Universität in Tokyo oder Kyoto verliehen, die wiederum ihre Bewerber nach dem Renommee der Oberschule aussucht, die sie absolviert haben.

Das Ranking-System der Universitäten hat sich in den 1960er Jahren ausgebildet, als die im Lande dominierenden Großunternehmen wie Honda, Toshiba oder Olympus als Ingenieure und Manager bevorzugt Absolventen ganz bestimmter, damals allerdings noch staatlicher Universitäten einstellten. Nicht, mit welcher Note man abgeschlossen hatte, zählte, sondern von welcher Universität man kam. Davon hing auch ab, wie weit man in der »ständischen Ordnung« des Unternehmens kommen konnte. Entlassungen waren sowieso undenkbar.

Aus diesem Grunde richtet sich der Rang einer Universität bis heute nicht, wie man das bei uns behauptet, in erster Linie nach der Qualität von Forschung und Lehre, sondern nach der »Übergangsquote«[6] ihrer Absolventen zu einer der großen Firmen. Das ist kein Geheimnis, im Gegenteil, darüber wird in den japanischen Medien in aller Ausführlichkeit berichtet. Zumal gerade die hoch gehandelten Universitäten seit ihrer Privatisierung in den 1970er Jahren schon aus Wettbewerbsgründen daran ein besonderes Interesse haben. Man weiß, welche Universität was verspricht.

Man kann sich leicht ausmalen, welche Folgen dies für das gesamte Bildungswesen hat: Das Ranking der Universitäten wird Schritt für Schritt von oben nach unten weitergegeben. Die Oberschulen sortieren sich danach, wie erfolgreich sie auf begehrte Universitäten, die Mittelschulen danach, wie unterschiedlich erfolgreich sie auf die begehrten Oberschulen, und die Grundschulen danach, ob sie auf gute Mittelschulen vorbereiten. Schließlich erreicht das Ranking die Kindergärten, die die Basis für alles legen. Auf jeder Stufe stellen verschärfte Aufnahmeprüfungen das Nadelöhr dar, durch das man hindurch muss, um auf dem Weg nach oben zu gelangen, wo eine Position im mittleren Management bei Sony oder in einer Forschungs- und Entwicklungsabteilung bei Toyota winkt. Wenn man das endlich geschafft hat, so der Traum einer respektablen Existenz, kann einem nichts mehr passieren. Jedenfalls wenn man keine schmutzige oder niedrige Arbeit verrichten will. Nur verlangt dem Heranwachsenden jeder Schritt in diesem idealen Bildungsgang alles ab.

Man kommt so auf die Spur einer verdeckten Vertikalität innerhalb der von den PISA-Experten gelobten Horizontalität des japanischen Bildungssystems. Das wirft die Frage auf, wie die Familien damit umgehen. Die Antwort lautet, dass sie, weil ihnen nicht geholfen wird, sich selbst helfen. Das ist der Grund für die Entstehung eines Systems doppelter Beschulung genau zu der Zeit, als sich auch in Japan der große Nachkriegsboom seinem Ende zuneigte. Neben dem auf Einbeziehung abgestellten öffentlichen Bildungssystem existiert in Japan ein seit den siebziger Jahren expandierender Bildungsmarkt, der die Kinder auf harte Ausscheidungskämpfe vorbereitet und zum belastungsfähigen Charakter schult. Heute besuchen etwa 67 Prozent der Achtklässler in Japan nach der Schule eine Ergänzungsschule. In diesen Juku genannten Einrichtungen gehen die Kinder im Anschluss an ihren Tag in der Ganztagsschule in der Regel dreimal die Woche, nicht selten bis zum späten Abend. Auch am Wochenende und in den Ferien geht der Unterricht weiter. Es werden Normal- und Leistungskurse angeboten sowie Einzel- oder Förderunterricht in Kleingruppen. Die Kosten richten sich nach der Anzahl der Fächer und dem Umfang der Stunden sowie natürlich nach dem Erfolgsversprechen und können 50, aber auch 500 Euro im Monat betragen. Es gibt die Juku in der Nachbarschaft, die seit dreißig Jahren von einem reformpädagogisch inspirierten Gründer betrieben wird, aber auch regelrechte Ketten, die mit erweitertem Unterrichtsstoff und gesteigerter Lerngeschwindigkeit werben. Es handelt sich insgesamt um einen Markt, der die Bedürfnisse von Eltern, die das Beste für ihr Kind wollen, bedient, diese auf der anderen Seite jedoch auch mit neuen Angeboten schafft. 1996 wurden 50 000 Juku in Japan gezählt, das sind mehr als alle Grund- und Mittelschulen zusammen, von denen es 35 000 gibt. Eltern, Lehrer und

Politiker sind sich einig, dass es besser wäre, man bräuchte diese Schattenerziehung nicht, aber es hilft nichts, so eine verbreitete Haltung, wenn man die Kinder nicht ihrem Schicksal überlassen will.[7]

Im öffentlichen Bewusstsein werden im Übrigen die privaten Juku den öffentlichen Schulen als überlegen angesehen: Einrichtung und Ausstattung erscheinen hochwertig, die Unterrichtsmethoden gelten als modern und der Medieneinsatz ist auf dem neuesten Stand. Schließlich genießen die Juku bei den Schülerinnen und Schülern einen guten Ruf. Es geht nicht um Förderung der Schwachen, sondern um Optimierung der Starken. Hier werden besondere Freundschaftsnetzwerke aufgebaut und Kontakte geknüpft, die einem später hilfreich sein können. Was den Zugang zu »sozialem Kapital« betrifft, hat die Juku die öffentliche Schule längst in den Schatten gestellt.

Schlimm wird es allerdings in den letzten drei Jahren auf der Oberschule, wenn den Familien die Aufnahmeprüfung zu einer der Topuniversitäten vor Augen steht. Es kursieren in Japan lebendige Erzählungen davon, wie das gesamte Familienleben darauf abgestellt wird, dass die Tochter oder der Sohn sich fit für den Test machen. Für die meisten 16- und 17-jährigen Teenager stellt zumindest das letzte Jahr auf der Oberschule nicht allein wegen zeitlicher Belastung durchs Lernen einen Albtraum dar. Sie müssen im Übergang vom anschaulichen zum abstrakten Denken die inneren Sensationen der Pubertät mit den äußeren Erwartungen der Eltern in Einklang bringen und dabei auch noch einen folgsamen und disziplinierten Eindruck erwecken. Gerade in der Zeit der Ablösungskonflikte stehen sie unter einem enormen Erfolgsdruck. Die Familien wissen, dass die Konkurrenz einfach deshalb zunimmt, weil nie so viele Stellen wie Abschlüsse existieren und es daher immer auf den Tauschwert eines Zertifikats ankommt.

Es liegt auf der Hand, dass nicht alle Heranwachsenden diesem Druck gewachsen sind. Man schätzt, dass ein Viertel bis ein Drittel von ihnen auf der Strecke bleiben. Sie schaffen es leistungsmäßig nicht, werfen das Handtuch oder ziehen sich durch Verweigerung aus der Affäre. Sie werden im offiziellen Unterricht, der kein Schulversagen kennt, mitgezogen, werden aber von ihren Schulkameraden und Schulkameradinnen nicht selten als Verlierer oder Opfer abgestempelt. Die japanische Öffentlichkeit zeigt sich in diesem Zusammenhang immer wieder von Nachrichten über Schülerselbstmorde erschreckt, die Phänomene von aggressivem Mobbing unter Schülerinnen und Schülern ans Licht bringen. Dazu kommen in jüngster Zeit bizarre Phänomen wie Hikikomorie, wo sich zumeist männliche Jugendliche mit ihrem Rechner in einem Zimmer der Wohnung zurückziehen und den Kontakt zur Außenwelt weitgehend abbrechen, oder die Enjokosai genannte Schülerinnenprostitution, bei der sich minderjährige Oberschülerinnen von wohlhabenden, zumeist sehr viel älteren Männern in elegantem Ambiente aushalten und mit teuren europäischen Designerstücken beschenken lassen.

Wenn man die Wirkungsweise des japanischen Bildungssystems verstehen will, muss man, um die berühmte Unterscheidung von Erving Goffman aufzugreifen, seine Vorder- und seine Hinterbühne betrachten. Auf der Vorderbühne herrscht Harmonie im Dienste des Leistungsstrebens, auf der Hinterbühne Konkurrenz zum Zwecke des Weiterkommens. Den Schülerinnen und Schülern wird dadurch, wie japanische Bildungsforscher feststellen, ein »Doppelleben« abverlangt:

»Tagsüber werden sie in den Schulen in einer harmonischen Atmosphäre unterrichtet, abends werden sie in Vor- und Nachbereitungsschulen, die sie zum Bestehen der Aufnahmeprüfung fakultativ besuchen, so unterrichtet, dass sie in den Examen mehr Punkte als ihre Rivalen erzielen können. Das Schwergewicht dieses Doppellebens scheint sich dabei allerdings immer stärker auf das außerregelschulische Institut zu verlagern, und der regelschulische Raum dient eher zur geistigen Erholung, wo die Schüler sich von der Konkurrenz befreit entspannen können.«[8]

Das hindert die Eltern nicht daran, beträchtliche Investitionen für die obligatorische schulische Bildung ihrer Kinder zu tätigen. Das betrifft die nicht unerheblichen Aufwendungen für Bücher, Lernmittel und vor allem für die adrette Schuluniform in der staatlichen Schule.

Familien mittleren Einkommens sparen für die Ausbildung ihrer Kinder schon von Geburt an. Sie informieren sich über fördernde Kleinkindererziehung und anregende Spielsachen. Kindergärten werden in Japan zwar ganz vorbildlich als Teil der öffentlichen Versorgung zur Verfügung gestellt, aber wenn man eine den Ansprüchen genügende Einrichtung in der Nähe will, muss das Kind schon am Beginn seines Bildungsgangs trotz aller spielerischen Elemente eine Art Aufnahmeprüfung über sich ergehen lassen. Aber die Eltern sind davon überzeugt, dass gute Chancen im Bildungswettbewerb, gute Berufsaussichten und der damit verbundene gute Platz in der Gesellschaft vom Ansehen des besuchten Kindergartens, der besuchten Schulen und der besuchten Universität abhängen. Dafür nimmt man sogar ein Verarmungsrisiko auf sich, was sich jedoch nur bei einem oder zwei Kindern rechnet. Auf der Strecke bleiben diejenigen Familien, die eine ganz andere Vorstellung von Bildung und Erziehung haben oder die sich die Ausgaben für eine private außerschulische Schule schlicht nicht leisten können.[9]

Wer die Wirkungsweise des japanischen Bildungssystems verstehen will, muss sich klarmachen, dass Bildung in der japanischen Gesellschaft mehr als den Erwerb einer Qualifikation für eine berufliche Tätigkeit bedeutet, sie ist Ausweis des Charakters und signalisiert Ehrgeiz, Disziplin und Meisterschaft. So gewinnt der einzelne über Bildung soziale Größe und ein Anrecht auf soziale Achtung. Am Ende entscheidet der Grad der Gebildetheit darüber, was ein Mensch wert ist.

Aus diesem Grund widersprechen die Regeln der Bildungskonkurrenzgesellschaft gar nicht unbedingt den in der Meiji-Ära des 19. Jahrhunderts revitalisierten konfuzianischen Vorstellungen, dass ein Mensch erst durch Bildung »gut« und »edel« wird. Wer Konsequenz bewiesen und Härte gezeigt hat und schließlich als Sieger aus dem Kampf um die begehrten Studienplätze hervorgegangen ist, der besitzt auch das Talent, unter ganz anderen Herausforderungen zu obsiegen. So gesehen wäre die auf die Kooperation und Einbeziehung ausgerichtete Regelschule etwas für die Schwachen und der Einsatz und Ausdauer fordernde Bildungsmarkt etwas für die Starken.

Das japanische Beispiel lehrt, dass man zweimal hinsehen muss, bevor man schnelle Schlussfolgerungen über die Gründe von Leistungsstärken und Leistungsschwächen eines Bildungssystems zieht. Jedenfalls kann man nicht so ohne Weiteres behaupten, dass das japanische Bildungssystem egalitär ist und daher die Schülerinnen und Schüler sowohl im Durchschnitt als auch in der Spitze hervorragende Leistungen in mathematischen Grundfertigkeiten und naturwissenschaftlichen Grundkenntnissen sowie im Leseverständnis erzielen. Es ist die intensive private Zusatzbeschulung, die der gelassenen öffentlichen Elementarbeschulung auf die Sprünge hilft.

Die Problematik internationaler Leistungsvergleiche auf dem Gebiet der Bildung ist hier freilich nicht das Thema. Es geht vielmehr darum, zu verstehen, wie sich Statuskämpfe im Bildungsverhalten niederschlagen. Hier zeigt der japanische Fall zuerst, dass die soziale Ungleichheit bei der gesellschaftlichen Organisation von Bildung immer durchschlägt. Egal wie chancengerecht ein Bildungssystem eingerichtet ist, die Leute finden Mittel und Wege, um die Gleichheit ungleicher zu machen. Es ist die Unklarheit über die Verwertbarkeit von Bildungstiteln, die die Konkurrenz unter den Bildungsaspiranten entfacht und dadurch den Tauschwert der Zertifikate in die Höhe treibt. Dem Glauben über das, was sich auszahlt, ist immer der Unglaube beigemischt, was am Ende wirklich zählt. Darin liegt der Grund für die »Überhitzung« des japanischen Bildungssystems[10] durch vorauseilendes Lernen und doppelte Beschulung. Das verwickelt alle Beteiligten in eine schwer durchschaubare Doppelbindung, die den Kindern morgens Kooperation und abends Konkurrenz abverlangt. Die Mehrzahl der Schülerinnen und Schüler gehen mit dieser Paradoxie so um, dass sie sich auf dem privaten Bildungsmarkt höchster Anstrengung unterwerfen und sich auf der öffentlichen Schule Ruhe gönnen. Der Rest wird zum Opfer von Verachtung und kapselt sich teilweise in wahnhaften Phantasiewelten ein.

Die zweite Erkenntnis aus der Betrachtung des uns anscheinend so fernen japanischen Falls betrifft die Rolle der Familien, die das Bildungsverhalten der Kinder antreiben. In den Familien steckt eine strategische Energie, die in der Lage ist, jede Bildungsplanung auszuhebeln. Die Absicht liegt auf der Hand: Die Eltern wollen für die Kinder zumindest die Position sichern, die sie selbst erreicht haben. Die private Mitgift besteht im unbedingten Bildungswillen, den sie aber nur im Umweg über das öffentliche Bildungssystem realisieren können. Deshalb setzen sie alles daran, für ihre Kinder den richtigen Weg durchs Bildungssystem zu finden und sie dafür mit der nötigen Ausstattung zu versorgen. Im Zweifelsfall sollen sie Mitbewerber übertreffen und Konkurrenten aus dem Weg schlagen können.

Und die dritte Einsicht besagt, dass der Wille, die Kinder mit Bildung auszustatten, von der Klassenlage der Eltern abhängt. Am energischsten sind diejenigen, die den Mangel an Besitz durch den Gewinn von Bildung ausgleichen wollen. Also nicht die Reichen und Mächtigen, sondern die Bildungsbeflissenen und Dienstfertigen sind für die »Überhitzung« des Bildungssystems verantwortlich. Es handelt sich um eine soziale Disposition, bei der der Sinn für Privilegiertheit mit einem Empfinden von Verwundbarkeit zusammenfällt.

Diese Konstellation der Klassen und die damit zusammenhängende Spaltung der Bildungswelt in einen öffentlichen und einen privaten Teil findet man im Übrigen genauso beim anderen PISA-Sieger des ostasiatischen Raums: bei Südkorea[11]. Die ruhige Ausgeglichenheit des öffentlichen Schulwesens besitzt seine andere Seite in einem nervösen Markt von Zusatzbeschulung und Bildungsberatung. Der absorbiert einerseits unbediente Elternwünsche und schürt andererseits unbestimmbare Elternängste. Niemand ist glücklich über diese Schattenwelt des Bildungswahns, aber alle Versuche der Regierungen, diesen Wildwuchs unter Kontrolle zu bekommen, sind bisher gescheitert.

Es stellt sich daher generell die Frage, warum Bildung in modernen Leistungsgesellschaften, die das Statusbewusstsein von Herkunft auf Zukunft umgestellt haben, einen politisch so schwer hantierbaren Gegenstand darstellt.

Der erste Grund, warum uns Bildung so wichtig ist, geht auf ihren vermehrenden Charakter zurück. Mit Bildung kann man aus dem, was man hat und besitzt, mehr machen. Dieses Phänomen führt der Neureiche vor Augen, der nach Geschmack strebt. Das bedeutet mehr als bloß Ornament und Verzierung, sondern die sozial relevante Kapitalisierung einer Statusposition. Es war Pierre Bourdieu, der die Geschmacksbildung als eine Quelle sozialer Unterscheidungen herausgestellt hat, die Demarkationslinien zwischen den sozialen Kreisen beschreiben. Der Neureiche ist fasziniert von der Fähigkeit des Gebildeten, mit einer kleinen Bemerkung einen tiefen Abgrund klaffen zu lassen. Deshalb hält er das Kunstgeschichtsstudium seiner Tochter zwar für eine Investition in brotlose Kunst, ist aber andererseits stolz darauf, dass in seiner Familie jetzt die Fähigkeit zur Unterscheidung zwischen bemühtem Kunsthandwerk und wahrer Kunst heimisch geworden ist. Die Tochter wird ihn davor zu schützen, sehenden Auges in die Peinlichkeitsfalle zu tappen, die ihn immer noch als Mann mit Geld, aber ohne Bildung entblößt.

Der zweite Grund für die Wichtigkeit von Bildung besteht in der Legitimierung des Erreichten und Gewonnenen. Wer sich um Bildung bemüht und Bildungstitel erworben hat, kann mit Recht den Anspruch auf eine bestimmte soziale Position erheben. Bildung ist die entscheidende Leistungskategorie der Leistungsgesellschaft. Im Unterschied zum Zufall des Bluts wie zum Glück des Erfolgs steckt in der Bildung eine existentielle Investition, die sich Maßstäben unterworfen hat und Nachweise führen kann. Insofern rechtfertigt Bildung Unterschiede der materiellen Entgeltung und der ideellen Wertschätzung. Im Bewusstsein von Bildung kann ich von den anderen verlangen, dass sie meinen Rang akzeptieren und meine Einschätzungen ernst nehmen. Der Ungebildete muss schon ziemlich gerissen oder von der Natur reich beschenkt sein, dass man seinen Erfolg preisen und seine Außerordentlichkeit hinnehmen kann. Aufstieg ohne Bildung hat immer den Geruch des Unverdienten und Unregelmäßigen.

Eine dritte Leistung von Bildung bezieht sich auf die Zementierung einer Statusposition in der Generationenfolge. Hier steht die Bildungsaufsteigerin Pate, die Himmel und Hölle in Bewegung setzt, damit ihren Kindern nichts vom dem vorenthalten wird, was sie sich selbst aneignen musste. Da spielt Neid auf die Nachkommen, denen es so gut geht, ein Rolle, der aber sofort vom Instinkt der Sorge für die Kinder überlagert wird. Diese Einsicht erklärt eine bestimmte gesamtgesellschaftliche Generationendynamik von sozialer Öffnung und anschließender sozialer Schließung durch Bildung. Denn die Motivation von Bildungsrevolutionen erlischt mit dem Erfolg der Revolutionäre einfach deshalb, weil sie an ihre Nachkommen weitergeben wollen, was sie für sich erreicht haben. Es handelt sich um einen sukzessiven Monopolisierungseffekt durch die Weitergabe von Startvorteilen, der umso schärfer ausfällt je breiter das Feld der Mitstarter ist.

In allen drei Hinsichten, was also die Kapitalisierung, die Legitimierung wie die Zementierung einer Statusposition durch Bildung anbelangt, will man sich vom Staat nicht stören lassen. Der soll, was die Bildung der Bevölkerung anbelangt, Güter bereitstellen und Zugänge ermöglichen, aber er soll sich in der demokratischen Leistungsgesellschaft nicht als besserwisserischer Dirigent von individuellem Bildungsverhalten aufspielen. Dafür ist denen, die die Bildung als Kapital für sich entdeckt haben, das Thema zu wichtig.

3. Worum es wirklich geht

Der im Mai 2008 vorgestellte Sozialbericht der Europäischen Union enthielt für alle, die sich nach drei PISA-
Wellen von der strukturellen Ungerechtigkeit des deutschen Bildungssystems hatten überzeugen lassen, eine
überraschende Nachricht: Ausgerechnet in der Bundesrepublik sollen Kinder aus bildungsfernen Schichten einmal die europaweit besten Chancen auf Abitur und Studium gehabt haben. Das war in den achtziger Jahre des
letzten Jahrhunderts, als die entsprechenden Chancen von
Kindern aus nichtakademischen Haushalten zwar nur
halb so hoch waren wie jene von Akademikerkindern –
aber immer noch höher als in allen anderen europäischen
Ländern. Selbst in Finnland, dem europäischen Vorzeige-
land in Bildungsfragen, stellten sich die Chancen auf einen
derartigen Bildungsaufstieg, wenn auch minimal, schlechter dar.

Das hatte eine 2005 durchgeführte Befragung von Erwachsenen im Alter zwischen 25 und 54 Jahren ergeben.
Nur in Deutschland hatte man aus dem Grund 35- bis
64-Jährige befragt, weil deutsche Studierende im Durchschnitt sehr viel später als sonst in Europa ihr Studium
abschließen. Besonders schlecht sah es demnach mit der
Bildungsgerechtigkeit in den damals noch kommunistisch

regierten Ländern wie Tschechien, Polen oder Ungarn aus. Auch in der DDR war es, wie man aus anderen Untersuchungen weiß[1], nicht anders. Dort hatte man als Akademikerkind eine rund zehn Mal höhere Chance, einen Hochschulabschluss zu erreichen als ein Kind von nichtstudierten Eltern. In der Bundesrepublik brachte einem das Privileg, aus einer Familie von Akademikern zu stammen, verglichen mit einem Arbeiterkind lediglich eine doppelt so günstige Aussicht, selbst wieder einen akademischen Abschluss zu erwerben.

In diesen Zahlen reflektiert sich die bundesrepublikanische Erfahrung einer ganzen Generation von Bildungsaufsteigern, die aus kleinen Verhältnissen weit nach oben gekommen sind. Gerhard Schröder, Horst Seehofer, Renate Künast oder der Manager René Obermann und die Moderatorin Elke Heidenreich stehen für diese Fahrstuhlkohorte mit exemplarischen Bildungsbiographien. Sie kommen aus der Welt der »zweiten Bildungswege«, der Gesamthochschulen, der Gymnasien mit neuen, wenig elitär anmutenden Schwerpunkten wie neue Sprachen, Sozialwissenschaften oder Sport, der reformierten Oberstufe oder der Schulen für Erwachsenenbildung. Eine besondere Bedeutung für die soziale Öffnung der tertiären Bildung hatten die nirgends sonst in Europa bekannten Fachhochschulen, die sich als außerordentlich erfolgreich bei der Definition neuer professioneller Kompetenzen für die sich ausweitende Dienstklasse sowie für die Bildung neuer beruflicher Qualifikationsidentitäten unterhalb der humanistischen Generalabschlüsse oder der naturwissenschaftlich-technischen Diplomierung erwiesen.[2] Die

Fachhochschulen für Verwaltung, soziale Dienste oder Technik entwickelten sich in relativ enger Koppelung mit der Nachfrage auf den entsprechenden Arbeitsmärkten. Für die Absolventen erlaubte der Fachhochschulabschluss bald Einstiege auf mittlerer Ebene und schloss Aufstiege auf höhere Ebenen nicht aus. Diese Lockung mit hohen Bildungserträgen verfing natürlich gerade bei den aufstrebenden Schichten von Regionen im Wandel. Wer sich mit den beschränkten Verhältnissen im Lipperland, in Franken oder im Ruhrgebiet nicht abfinden wollte, konnte so seinem Schicksal in auslaufenden Handarbeitskarrieren oder als mitverdienende Hausfrau und Mutter entkommen.

Wer dieses Kapitel des bundesrepublikanischen Aufstiegs aus Ruinen bei der Empörung über mangelnde Bildungsgerechtigkeit in der deutschen Gesellschaft von heute unterschlägt, verkennt die Lage. Die Geschichten vom sukzessiven sozialen Aufstieg über die letzten drei Generationen der Familien gehören zum Inventar der deutschen Nachkriegserzählung. Niemand wird ernsthaft in Frage stellen, dass die Chancen in den Familien sehr unterschiedlich verteilt sind; trotzdem herrscht die Überzeugung, dass die Familien in Deutschland etwas dafür tun können, um ihren Kindern eine gescheite Bildung zu vermitteln, damit sie vorankommen. Umso größer ist das Erstaunen über den Nachweis der fortschreitenden Verriegelung der Klassenverhältnisse durch das deutsche Bildungssystem. Woher kommt es, dass das in den achtziger Jahren sozial durchlässigste Bildungssystem in Europa mit einem Mal zu den ungerechtesten und undurchlässigsten zu rechen ist? Der Aufbau des Bildungssystems ist derselbe wie vorher, das Lehrpersonal hat vermutlich nicht mehr Vorurteile als früher und die Bildungsausgaben sind auch nicht drastisch reduziert worden. Was also ist geschehen?

Zwei Entwicklungen in den Bildungsverhältnissen sind heute offensichtlich: Eine Dramatisierung der Lage an den Rändern, wo sich Bildungsghettos entwickelt haben, und die Ausbreitung einer sozialen Abschottungsbewegung in der Mitte, die vor allem in der Verteidigung von Bildungsreservaten für die Kinder der Besserverdienenden und Höhergebildeten zum Ausdruck kommt. So scheint das deutsche Bildungssystem einer Zerreißprobe ausgesetzt zu sein, die das Prinzip der öffentlichen Bildung überhaupt in Frage zu stellen droht.

Das untergründige Thema ist natürlich die fortschreitende migrantische Mischung der Schülerpopulationen. Die Familien mit »biodeutschem« Hintergrund, die auch Bioprodukte präferieren, fliehen die Grundschulen, die durch einen mehr als 50-prozentigen »ndH«-Anteil charakterisiert sind. Denen schließen sich nicht selten bildungsbestrebte Eltern mit einer Migrationsgeschichte in der Familie an. Gerade in den Großstädten kann man eine innerstädtische Migrationsbewegung von Familien mit schulpflichtigen Kindern beobachten, die den Wohnort in Abhängigkeit von der Erreichbarkeit von Schulen wählen, die von möglichst vielen Kinder deutscher und möglichst wenigen Kindern bildungsferner Herkunft besucht werden. Man strebt auf Schulen, die bestimmte Fähigkeiten, Bereitschaften und Überzeugungen als Voraussetzung für gelingende Bildungsprozesse bei Schülern wie Eltern erwarten: Die Fähigkeit, sich auf die Lösung bestimmter Aufgaben konzentrieren zu können, die Bereitschaft, sich der Leistungskonkurrenz zu stellen, und die Überzeugung, dass das alles zum Vorteil des Kindes ist. Der Konsens darüber muss nicht von Anfang an gegeben, aber doch mit der Zeit erreichbar sein.

Demgegenüber erscheinen die verbleibenden Hauptschulen als Orte der Bändigung einer rohen Natur, wo jede Seite ums Überleben kämpft. Lehrerinnen, die sich das Lächeln abtrainiert haben, und Lehrer, die im Traum rot sehen, stehen Schülerinnen gegenüber, die als Braut begehrt werden wollen, und Schülern, die glauben, keine Sekunde Schwäche zeigen zu dürfen. Während das Lehrpersonal aus lauter Verzweifelung über seine unmögliche Aufgabe von Wutausbrüchen und Nervenkollapsen hin und her gerissen wird, lauert die Lerngruppe nur auf die Gelegenheit, sich lustig zu machen und abzulachen. Es ist von amerikanischen Verhältnissen auf deutschen Schulhöfen die Rede, weil in bestimmten Gebieten Wachschützer in schwarzen Uniformen für Ruhe und Ordnung sorgen müssen. Das betrifft nicht allein Hauptschulen, in deutschen Großstädten sind teilweise sogar die Realschulen zu Überlebenscamps geworden. Das Lehrpersonal versucht eine halbwegs zivile Ordnung im Innern aufrechtzuerhalten, ist aber bei der Abwehr von Übergriffen von der Straße oft überfordert. Man kennt die Geschichten von Lehrern, die gegenüber einem fremden Jugendlichen, der in der Pause auf einen Schüler der Schule losgeht, das Hausrecht wahrnehmen wollen und dafür krankenhausreif zugerichtet werden. Die Gewalt der Schule kommt hier nicht mehr von Lehrern, die prügeln, sondern von Schülern, die austicken.

Der grundlegende Widerspruch dieses Bildungsghettos scheint sich für den Blick von außen am Wert der Bildung zu entzünden. Der institutionellen Botschaft der Schule, dass man nur durch Bildung vorankommt, setzen die Beschulten ihre lebensgeschichtliche Erfahrung entgegen, dass Bildung einem im Zweifelsfall gar nichts nützt. Weil es aus diesem Widerspruch offenbar kein Entrinnen gibt, sind beide Parteien in diesem Kraftwerk der Affekte auf Gedeih und Verderb aneinandergefesselt: Niemand darf eingestehen, dass die ganze Veranstaltung eine Farce darstellt. Die Lehrer nicht, weil sie von Berufs wegen die Fahne der Bildung hochhalten müssen, die Schüler nicht, weil sie in ihrer Bezugsgruppe nicht als die Dummen dastehen wollen, die auf die Bildungslüge der Schule hereingefallen sind.

Es ist gar nicht so einfach, die Geschichte zu erzählen, wie es dazu gekommen ist. Die erste Antwort scheint sich aus dem Blick auf den Arbeitsmarkt zu ergeben. Dort hat sich das Bild insofern völlig verändert, als die Nachfrage nach gering qualifizierten Arbeitskräften nach und nach zurückgegangen ist. Das betrifft industrielle und handwerkliche Tätigkeiten genauso wie die Arbeit im Büro. Heute ist die Hälfte aller Langzeitarbeitslosen ohne Berufsausbildung. Ohne einen entsprechenden Abschluss mit Brief und Siegel kommt man nicht mehr unter.

Das war nicht immer so. In den fünfziger und sechziger Jahren konnten 40 Prozent der Beschäftigten in Westdeutschland keine abgeschlossene Berufsausbildung vorweisen. Das »Wirtschaftwunder« basierte auf massenhaften Anlernkarrieren, was besonders den Flüchtlingen und Vertriebenen des Zweiten Weltkriegs aus Halle oder Hermannstadt wie den Nebenerwerbslandwirten aus Aurich und Straubing zugutekam. Und bis Mitte der siebziger Jahre holte man sich zur Erledigung der schmutzigen und schweren Jobs, für die keine besondere Qualifikation vonnöten war, sogar noch »Gastarbeiter« ins Land. Heute dagegen redet man von kontrollierter Einwanderung, bei der die Qualifikation der Bewerber das entscheidende Kriterium darstellt.

In den letzten zwanzig Jahren hat eine regelrechte »Kompetenzrevolution« (Michael Vester) für nachgefragte Arbeit Platz gegriffen, die von den einzelnen Arbeitskräften weitaus mehr als Folgebereitschaft und Adaptionsgeschick verlangt. Wer im Werkzeugmaschinenbau, im Heizungsbau oder in der Lohnbuchhaltung eine Anstellung finden will, muss durch ein Zertifikat unter Beweis stellen, dass sie oder er in der Lage ist, die wissensbasierten und dienstleistungsorientierten Tätigkeiten verantwortungsvoll und qualitätsgerecht auszuführen. Dafür bedarf es in der Regel zumindest eines mittleren Schulabschlusses, der einem Realschulabschluss gleichkommt.

So lässt sich erklären, wie der Strukturwandel der Wirtschaft den Bildungserfolg der Hauptschule entwertet. Der Hauptschulabschluss liegt dann unterhalb der Bildungsnorm und befähigt einen bestenfalls für einen einfachen Arbeitsplatz, der oft nur um den Preis eines prekären Beschäftigungsverhältnisses zu haben ist. Das legt den

Schluss nahe, dass sich hier die Erfolglosen des Bildungssystems sammeln, die nicht genug Bildungsanstrengungen unternommen haben oder die an den Bildungsstandards gescheitert sind, denen es also mit anderen Worten entweder an der Energie oder an der Intelligenz fehlt.

Dem steht die Erkenntnis von der durchschlagenden sozialen Selektivität der Haupt- und Sonderschüler von heute entgegen. Auf dieser Restschule für die einfache Arbeit sind vermehrt Kinder zurückgeblieben, deren Eltern selbst in einfachen Tätigkeiten beschäftigt oder nicht beschäftigt sind. Die Hartz-IV-Linie verlängert sich in der Regel über die Hauptschule zwischen den Generationen. Dass sich ein Fritz oder eine Johanna aus einem Akademikerhaushalt unter Kevin, Raschid, Chantal oder Selma mit einem Elternteil ohne anerkannten Bildungsabschluss findet, ist geradezu ausgeschlossen. Die Wahrscheinlichkeit, dass ein Hauptschulkind aus einer sozial schwächeren Familie stammt, ist heute größer als früher.

Die Verhältnisse sind deshalb so vertrackt, weil man sich vor Augen führen muss, dass die Hauptschule, wie man sie heute zu kennen glaubt, als ein Ergebnis der Bildungsexpansion zu begreifen ist, die durch die Chancenmehrung vieler die Chancenminderung weniger bewirkt. Der Anteil der 13-Jährigen, die ein Gymnasium besuchen, hat sich seit den 1950er Jahren mehr als verdoppelt; der Anteil der Realschüler hat sich seitdem sogar verdreifacht. 2005 besuchten nur noch 20 Prozent der 13-Jährigen eine Hauptschule. Heute ist diese Prozentzahl wegen der Einführung von Sekundarschulen in vielen Bundesländern nur noch schwer zu eruieren.

Dieser Rückgang brachte allerdings eine Veränderung in der sozialen Zusammensetzung der Schülerschaft an den deutschen Hauptschulen mit sich. Die massenweise Abwanderung in die höheren Bildungsgänge der sekundären Sozialisation von Realschule und Gymnasium hat auf der unteren Stufe diejenigen zurückgelassen, die von ihren Familien nicht den Schub für Bildung mitbekommen haben. Die »Arbeitnehmergesellschaft« der Nachkriegszeit hat sich mit ihren sozialen Aufsteigern und Statussuchern bildungsmäßig abgesetzt und dadurch eine Schicht von Bildungsverlierern hervorgebracht, die den Anschluss an den Mainstream verloren haben. Offenbar ist im Gefolge der Bildungsexpansion die institutionelle Separierung am unteren Ende der Bildungshierarchie nicht abgebaut worden, die sozialen Ausleseprozesse sind, je weiter man nach unten kommt, vielmehr schärfer und unbarmherziger geworden.[3]

Dabei fallen zwei Dinge ins Auge. Zum einen kommen die meisten dieser Heranwachsenden aus verwundeten Familienverhältnissen: Die Abwesenheit eines Elternteils, wechselnde Bezugspersonen, fehlende Adressaten – oder ein Familienleben, das von unberechenbaren Gewaltausbrüchen anwesender Erwachsener, Dominanzkämpfen zwischen den Geschwistern und früher Vereinsamung der Kinder bestimmt ist. Es ist dieses mit dem Elternhaus zusammenhängende Belastetsein der Heranwachsenden, das sie für die Lehrerinnen und Lehrer oft so unerreichbar macht.

Zum anderen ist die Überpräsenz von Kindern mit Migrationsgeschichte nicht zu leugnen. In bestimmten Bezirken Berlins, Kölns oder Hamburgs gelten drei Viertel der Hauptschüler als »Menschen mit Migrationshintergrund«. Das wäre nicht weiter schlimm, stellte sich nicht eine fatale Interaktion, wie die Methodiker der empirischen Sozialforschung sich ausdrücken, zwischen persönlicher Vulnerabilität aufgrund der Familienverhältnisse und gruppenbezogenen Benachteiligungen aufgrund der Herkunftsgeschichte ein. Die Lebensstilforscher würden wohl von der Dominanz eines kulturell entwurzelten Migrationsmilieus mit prekärer Lebensführung sprechen, das in erster Linie mit der Bewältigung schier endloser Alltagsprobleme beschäftigt ist, nach Geld für Konsum strebt und dessen Sprösslinge vor allem Spaß haben wollen und sich den Erwartungen der Mehrheitsgesellschaft verweigern.

Das Lehrpersonal sieht sich jedenfalls mit Jugendlichen konfrontiert, deren Erziehungsberechtigte Erziehung entweder als gelegenheitsorientierte Züchtigung verstehen oder es ganz aufgegeben haben, auf ihre Kinder noch Einfluss zu nehmen und sich dann, wenn man auf sie zukommt, hinter dem Vorwurf von Ausländer- oder Frauenfeindlichkeit verschanzen oder sich als unberührt vom Schicksal ihrer Kinder zeigen. Das ist sicher in München, wo einem mit einem Hauptschulabschluss noch eine Facharbeiterkarriere offensteht oder man als Verkäuferin in einem Fachgeschäft vorankommen kann, anders als in Bremen, wo man mit einem entsprechenden Abschluss in der Regel nichts anfangen kann. Aber insgesamt scheinen die Eltern wenig von ihren Kindern zu wissen.

Deshalb fühlen sich die Lehrerinnen und Lehrer zur

Nachsozialisation der ihnen anvertrauten Heranwachsenden aufgefordert, an der sie allerdings Tag für Tag scheitern. Besonders das Viertel »ausbildungsmüder Jugendlicher« in den Klassen, das nichts anderes im Sinn hat, als den Unterricht zu torpedieren, verbreitet die Stimmung eines Kampfes aller gegen alle, dem kein schulischer Leviathan Einhalt zu bieten vermag. Oft denken die Lehrerinnen und Lehrer, es wäre für alle besser, wenn diese gar nicht mehr zum Unterricht erscheinen würden. Dann könnten sie mehr Zeit für die Hoffnungsvollen aufwenden, die durch die Hoffnungslosen nur nach unten gezogen werden.

Die Heranwachsenden selbst erleben die Schule als einen Raum wechselseitiger Abweichungsverstärkung, wo andere Gesetze des Einsatzes von Energie und Intelligenz herrschen. Man muss blitzschnell sein, darf keinen Gegner unterschätzen und kann nur durch permanente Rollendistanz sein Ich behaupten. Das Reden besteht aus einem endlosen Band von Witzen, Anspielungen und Überzeichnungen, bei dem schwer herauszufinden ist, wann etwas ernstgemeint ist. Nur wen eine Bemerkung trifft, der weiß, dass er sie nicht unbeantwortet lassen darf. Am Ende unterscheidet einen Angriff nichts von einer Verteidigung.

Die Erfordernisse an Gewitztheit, Schnelligkeit und Verderbtheit werfen im Übrigen ein Licht auf die 15 Prozent von »underachievern« in dieser Gruppe, die in diesem Schultyp deutlich unter ihren Möglichkeiten bleiben.[4] Sie geben hier den Takt vor und bleiben nach Kriterien allgemeinen Vorankommens trotzdem zurück.

So bereiten sie sich auf ein brüchiges und ungewisses Leben vor, das weder verlässliche Jobs noch belastbare Beziehungen bietet. Probleme gibt es genug. Man muss lernen, lästige von gefährlichen Stressmachern zu unterscheiden. Die einen kann man als Spielbälle fürs Verächtlichmachen benutzen, vor den anderen muss man sich in Acht nehmen und sich trotzdem gegen sie durchsetzen. Es zählt der Respekt, den man sich dadurch erwirbt, dass man durch nichts verrät, dass man sich fürchtet. Dies kennzeichnet die »antizipatorische Sozialisation« für ein Leben, bei dem es nicht um Beruf und Karriere, sondern ums Durchkommen und Überleben geht.

In den Vorstellungen dieser Jugendlichen spielt Bildung keine oder doch nur eine untergeordnete Rolle. Es steht das schnelle Geld, das auf der Straße winkt, gegen den bescheidenen Erfolg, den die Schule verspricht. Wie überall in den Grenzzonen der Gegenwartsgesellschaft träumen besonders die Jungmänner aus den prekären Milieus von einem spektakulären Leben in der erweiterten Drogenökonomie, das ihrem Wunsch nach sozialer Größe entgegenkommt. Eine schöne Braut, ein großes Auto und ein Auftritt im Club sind mehr wert als die Aussicht auf eine Lehrstelle, wo man Kaffee holen muss, auf einen Bus, der zu spät kommt, und einen Samstagabend, wo man rumhängt.

Ist es nicht in der Tat schlauer, einen Spätkauf zu betreiben oder mit Kokain zu dealen? Bildung heißt Schule und Ausbildungsplatz, woran immer Beurteilungen, Zeugnisse und Dokumente hängen. Die Straße dagegen ist ein Schauplatz von Geschichten, in denen noch

Wunder vorkommen. Sie handeln von Geld, Sex und Gewalt und stillen, so könnte man mit Nietzsche sagen, den Durst nach Feinden und Widerständen und Triumphen. Die Entscheidungen, die ein Junge oder ein Mädchen im Neuköllner Rollbergviertel, in Bremen-Huchting oder im Leipziger Osten mit 15 Jahren zu treffen hat, sind oft so hart, weil sich danach das Leben gabelt, entschiedener und endgültiger, als sich ein Abiturient aus den besseren Vierteln dieser Städte es sich vorstellen kann.

Waren es in den 1960er Jahren vor der ersten großen deutschen Bildungsdebatte die »katholischen Arbeitermädchen vom Lande«, so erscheinen heute die »Unterschichtjungen mit Migrationshintergrund aus den Ballungszentren« als die bildungsmäßig am stärksten benachteiligte Gruppe. Das betrifft die soziologisch festgestellte Bildungsbeteiligung wie den psychologisch eruierten Kompetenzerwerb. Die Einflüsse von Geschlecht, Religion und Region, so wie sie sich damals darstellten, spielen heute für die Bildung keine Rolle mehr. Das ist die Bilanz, die man nach der Bildungsexpansion der 1970er und 1980er Jahre ziehen kann. Dafür ist jetzt die Bedeutung von Stadtquartier, Migrationsgeschichte und Bildungshintergrund in den Vordergrund getreten.

Dahinter verbirgt sich die Veränderung der deutschen Gesellschaft durch vielfältige Prozesse der Migration von den »Gastarbeitern« der sechziger und siebziger Jahre aus Italien, dem damaligen Jugoslawien oder der Türkei bis zu den »Bürgerkriegsflüchtlingen« der neunziger Jahre aus dem Kosovo, aus Kasachstan oder aus Palästina. Pizza, Grillteller und Döner sind die Spuren davon in der deutschen Schnellküche. Die Migration in die Arbeitsmärkte setzt sich fort als Migration ins Bildungssystem. Hier bildet die zweite und dritte Generation der Angekommenen eine starke Population, die eine neue Konkurrenz- und eine andere Ausschlussdynamik mit sich bringt. Gut machen es die von der Anzahl her gesehen kleinen Zuwanderergruppen wie die Griechen und Vietnamesen, deren Kinder höhere Bildungserfolge als die deutschstämmige Referenzgruppe erzielen. Nicht so gut sieht es bei den populationsstarken Migrationsgruppen der Italiener und Türken aus, bei denen eine Mehrheit gemessen an der Schulbildung ihrer Eltern auf der Bildungsskala weit vorangeschritten ist, bei denen aber eine starke Minderheit sich dem Bildungswettbewerb gar nicht erst stellt.

Diese zweiten und dritten Generationen, die in Deutschland aufgewachsen sind, wissen, wie man mit den »goldigen Deutschen« umgeht, wie man sie umgarnt, provoziert und abstößt. Sie kennen die Mischung aus Neugier und Abneigung, aus Misstrauen und Mitleid in deren Gesichtern, und wenn sie guter Stimmung sind, fühlen sie sich den Deutschen überlegen, die anscheinend keine Ahnung davon haben, wie sie durchschaut werden. Auch ist ihnen klar, dass Bildung das Ticket darstellt, das einen in Deutschland ankommen lässt. Aber sie wollen auf keinen Fall als Bittsteller und Nachbeter erscheinen. Sie schämen sich für ihre Eltern, wenn sie daran denken, wie ihr Vater um Anerkennung buhlte und wie ihre Mutter sich in stiller Zurückhaltung übte. So tief wollen sie selbst nie sinken.

Die Migrantenkinder freilich, die erkannt haben, dass man mit Bildung nach oben kommt, treten als Konkurrenten um hohe Bildungsabschlüsse auf, weil sie die durch die Bildungsexpansion erleichterten Wege zum Abitur für sich zu nutzen wissen. Sie sammeln sich teilweise schon auf weiterführenden Schulen, die nicht mehr von deutschstämmigen Kindern dominiert werden, und ziehen Vorteile aus ihrer positiven Diskriminierung. Die Vorteilsgewinnung durch Strategien ethnischer Schließung ist nämlich längst nicht mehr auf »biodeutsche« Milieus beschränkt. Mit Argwohn wird von denen beobachtet, dass etwa auf den durch selektiven Zugang entstandenen »Türkengymnasien« andere Anforderungsprofile bessere Notendurchschnitte ergeben, die eine uneinholbare Verbesserung der Zulassungsvoraussetzungen für bestimmte Studienfächer bedeuten.

Die Gruppe von Migrantenkindern aus bildungsfernen Elternhäusern ohne Aufstiegsdisziplin dagegen wird als bildungsresistente Population im Bildungssystem isoliert und im Bildungsghetto von Haupt- und Sonderschulen konzentriert. Es sind die Berichte aus dieser Bildungswelt, die die Angstvorstellung einer sozialen Zeitbombe nähren, die die Bürgergesellschaft bedroht. Dabei spielt das Thema der Gewalt eine zentrale Rolle. Staatsanwaltliche Erkenntnisse wie diese, dass in Berlin der Anteil der Intensivtäter mit Migrationshintergrund bei 80 Prozent liegt[5], schrecken die Öffentlichkeit auf. Der Ausdruck erfasst Personen, die sich innerhalb eines Jahres mindestens zehn erheblicher Delikte schuldig gemacht haben. In Berlin sind davon etwa 40 Prozent »staatenlose palästinensische« Jugendliche und Heranwachsende, rund 30 Prozent haben einen türkischen Abstammungshintergrund. Kin-

der von Deutschen, Vietnamesen, Russen und Angehörigen aus den Balkanstaaten schließen sich an. Es geht in der
Regel um Rohheitsdelikte, die eine erhebliche Brutalität
erkennen lassen. Anlässe sind Verletzungen der Ehre, weil
jemand die Schwester schief angeschaut hat oder weil die
deutsche Freundin genug von der Beziehung hatte, es
kann aber auch Passanten treffen, die das Pech hatten, zur
falschen Zeit am falschen Ort zu sein.

Die Biographien dieser Gewalttäter unter 21 Jahren
legen einen Zusammenhang zwischen erzieherischer Vernachlässigung im Elternhaus, Abweichungsverstärkung
durchs Bildungssystem und kriminellem Verhalten nahe.
Dramatisierer wie Entdramatisierer der Gewalt sind sich
darin einig, dass in erster Linie das Bildungssystem für das
Entstehen dieses besonderen Gewaltphänomens verantwortlich zu machen ist. Jedenfalls sehen sie hier den ein-
zigen Ansatzpunkt für staatliches Handeln, das die auto-
nome Sphäre der Familie respektieren will. So klar der
Zusammenhang von Kriminalitätsrisiken und mangelnder
Bildung ist, so unklar ist, was im Bildungssystem geschehen muss, um die Dinge in den Griff zu bekommen.

Für die Gruppe der Bildungsverlierer, denen wegen
eines unzureichenden oder fehlenden Schulabschlusses
der Makel der Unfähigkeit anhängt, stellt die verabsolu-
tierte Schulbildung eine Sackgasse dar, aus der sie selbst
nicht herausfinden. Die Schule ist für sie in den Worten
von Karl Mannheim kein angemessener »Bewährungs-
raum« fürs Ausspielen ihrer Stärken und zur Widerspiege-
lung ihrer Schwächen. Das Bildungsmotiv selbst braucht
für sie eine andere Einbettung. Die Herausforderung muss

dem Ideal einer sozialen Größe entsprechen können und darf nicht von vorneherein darauf angelegt sein, dem Heranwachsenden Zurücknahme, Aufschiebung und Bescheidung aufzuerlegen. In gewisser Weise konfrontieren diese Herwachsenden und Jugendlichen das Bildungssystem mit seinem Grundproblem: der Klärung des Sinns von Bildung, die nicht allein der Auslese dient und nicht nur Berechtigungen vergibt, sondern der Stärkung der Person durch die Auseinandersetzung mit einer wenig erfreulichen, wenig verlässlichen und wenig entgegenkommenden Wirklichkeit dient. Bildung für alle ist das Ziel, dem kaum jemand widersprechen wird. Aber was ist der Maßstab, an dem die Erreichung dieses Ziels gemessen wird?

4. Die deutsche Tradition

Bildung ist, lautet das Prunkzitat des deutschen Reform-
pädagogen Georg Kerschensteiner aus der Zwischen-
kriegszeit des letzten Jahrhunderts, was zurückbleibt,
wenn man das Gelernte wieder vergessen hat. Dieser
ursprünglich gegen die Auffassung der Schule als Auslese-
anstalt und Berechtigungsbehörde unter dem Eindruck
von Weltverbesserungsbewegungen von rechts und links
geprägte Satz verdeutlicht die deutsche Tradition des
Redens über Bildung. Bildung verspricht einen Mehrwert
für die Person, der nicht einfach über formale Ausbildung
zu erlangen ist, nicht durch moralische Erziehung einge-
bleut werden kann und nicht als Ergebnis von Lernprozessen zu messen ist. Bildung ist tiefgreifender als Ausbildung, nachhaltiger als Erziehung und vielgestaltiger als
Lernen. Der Begriff der Bildung beinhaltet somit immer
schon einen Unterschied zwischen den Bildungsprozessen, die eine Person erlebt und aus der sie ihr Selbstwert-
gefühl gewinnt, und den Bildungsprozeduren, denen eine
Schülerin oder ein Schüler unterworfen wird und die eine
soziale Sortierung nach sich ziehen.

Der gebildete Mensch, so ist dann bei einem deutschen
Philosophen der Gegenwart zu lesen[1], hat den animali-
schen Egozentrismus hinter sich gelassen, er pflegt einen

differenzierten und nuancenreichen Sprachstil, scheut sich gleichwohl nicht zu bewerten und begreift das Fremde als Bereicherung. Vor allem aber weiß der Gebildete, dass Bildung nicht das Wichtigste im Leben ist.

Diese auf großer männlicher Selbstgewissheit ruhende Fähigkeit zu innerer Distanz erweist die Gebildetheit als ein Ideal ständischer Lebensführung, an dem man sich als seinesgleichen erkennt. Bildung, so heißt es dann ironischer und soziologischer, ist die Fähigkeit, mit kultivierten Leuten mitzuhalten, ohne unangenehm aufzufallen.[2] Man denkt an eine geschmeidige und trainierte Verfassung des Geistes, der Anspielungen weiterführen, Geschichten ausschmücken und den Ernstfall vermeiden kann. Sie stellt denjenigen bloß, der das alles für einen verlogenen Bluff hält, und lässt diejenige links liegen, die sich gemustert und bedrängt fühlt.

Allerdings fehlt in Deutschland die Tradition einer höfischen Gesellschaft. Anders als in den westlichen Vorbildnationen Frankreich und England haben wir keine literarische Adelskultur, die auf Eleganz, Fasslichkeit und Einfachheit des Ausdrucks größten Wert legte. Statt des *homme de lettres* und des *Gentleman* haben wir den Bildungsbürger, der sich als Weltwisser und Gottsucher aufführt. Die Bildungsbürger kommen aus den Beamten-, Handwerker- und Pfarrerhaushalten, sie träumen davon, alles in sich zu begreifen, schaffen es aber nicht, im wirklichen Leben die Rolle und den Platz zu wechseln. Es fehlt der Hof, der einem Takt zumutet, Indirektheit abverlangt und Nüchternheit gebietet. Daher kommt der bildungsbürgerliche Zug ins Innerliche und Tiefe, Prinzipielle und

Radikale ebenso wie ins Abseitige und Abstruse. Die deutschen Dichter und Denker haben gerne direkt zum Volk gesprochen und nicht zu einem literarisch gebildeten Personenkreis, der ihre Imagination gezügelt oder ihr eine andere Richtung gegeben hätte. Mit Goethe, daran führt kein Weg vorbei, als der großen Ausnahme.

Das muss man wissen, wenn man die eigentümliche ethische Aufladung des Bildungsbegriffs in Deutschland verstehen will. Bildung ist kein Eigenschaftswort, sondern ein Weltbegriff. Bildung begründet, mit dem Hegel der Rechtsphilosophie gesprochen, den Eigensinn des einzelnen, der sich entschlossen hat, nichts in der Gesinnung anerkennen zu wollen, was nicht durch den Gedanken gerechtfertigt ist. Diese Formulierung hat nichts von höfischer Elastizität, sie ist vielmehr Ausdruck einer auf den einzelnen und seine Eigenheit konzentrierten Form innerlicher Selbstbegründung.

Die Idee, dass Bildung der Weg zu höchster Subjektivität ist, geht auf die protestantische Linie im deutschen Bildungsbürgertum zurück. Bildungsstolz, Innerlichkeitskult, Individualitätsglaube, Weltfrömmigkeit und Gesinnungsethik sind die Bestandteile eines im deutschen Bildungsbegriff verborgenen protestantischen Subtextes. Bis heute kann man Assoziationsfelder abrufen, die freie Bildung, strenge Dauerreflexion und inneres Schuldgefühl mit protestantischem Geist und trotzige Unbildung, magische Empfänglichkeit und außengeleitetes Schamgefühl mit katholischer Volksfrömmigkeit in Verbindung bringen. So triumphiert im Bildungsbegriff die protestantische Kultur des Ohres mit Sprachkultur, Dichtkunst und

Klangwelt über die katholische des Auges, der die bildende Kunst als Reservat des schönen Scheins und der stillen Andacht bleibt.

Das ist natürlich eine sehr grobschlächtige Gegenüberstellung, die evangelische Andachtsbilder unterschlägt und das von Carl Schmitt und Martin Heidegger repräsentierte Genie des katholischen Ressentiments, wie sich Jacob Taubes ausgedrückt hat, nicht zur Kenntnis nimmt. Aber sie zeigt andererseits, dass es bei Bildung immer auch um das gesellschaftliche Verhältnis von Hegemonialität und Inferiorität geht. Wer vertritt, was wahre Bildung ist, und wer sieht sich zur Nachsozialisation und zum Nachlernen in Bildungsfragen aufgefordert?

So stellte der Berliner Aufklärer Friedrich Nicolai Anfang des 19. Jahrhunderts in seiner damals vielgelesenen *Reise durch Deutschland und die Schweiz* fest, dass der durchschnittliche Protestant in Auftreten, Benehmen, Blick und Sprache ungleich geistiger und gebildeter wirke als ein Katholik.[3] Und der katholische Moraltheologe Heinrich Schreiber, der 1845 die römisch-katholische Kirche verließ, um sich der liberal gesinnten Oppositionsbewegung der Deutschkatholiken anzuschließen, berichtete, dass in den katholischen Normalschulen des späten 18. Jahrhunderts die Schüler eine »katholische, d. h. steife Schrift« zu lernen hatten, die »leichtere, von der Individualität des Schreibenden bedingte sogenannte protestantische Schrift« dagegen verpönt gewesen sei.[4]

Und naturgemäß ist das humanistische Gymnasium als Vorzeigeinstitution deutscher Bildungstradition von protestantischem Geist durchdrungen. Zwar stand es auf den Fundamenten der Lateinschule, die wiederum auf die Klosterschulen zurückging⁵, aber die neuhumanistische Ausprägung im 19. Jahrhundert mit der Dominanz der alten Sprachen Latein und Griechisch, die ungefähr die Hälfte aller Unterrichtsstunden beanspruchten, ist nicht ohne das protestantische Prinzip des *sola scriptura* zu begreifen. Im Gegensatz zum katholischen Prinzip der Doppelbindung an Heilige Schrift und Tradition der Kirche sucht der konzeptuelle Protestant in den von Gott überlieferten Worten der Bibel einen absoluten Haltepunkt, von dem aus die menschlichen Praktiken der Kirche kritisiert und relativiert werden können. »Allein aus der Schrift« und damit »allein aus dem Glauben« und schließlich »allein aus der Gnade« stellt sich der Protestant seinem Gott. Deshalb ist Bildung notwendige Voraussetzung zur Erlangung von Heil.

Man darf in der gymnasialen Empfindungswelt die ursprünglich gegen Krämergeist und Vorteilssucht gerichtete Griechensehnsucht nicht vergessen, muss sich klarmachen, dass der schulische Kanon hauptsächlich aus Texten der heidnischen Antike bestand, aber die durch methodische Lektüre eingeübte Reflexionskultur von Traditionsbruch und Kritikbereitschaft, von individueller Wahrheitssuche und persönlicher Reifung, von Gewissensernst und Freiheitserregung ist protestantisch imprägniert. Dagegen wirkt der katholische Gegenentwurf der Jesuitenkollegs wie eine Fürstenschule für den gesellschaftlichen Führungsnachwuchs, die an den antiken Quellentexten weniger die Frage nach einer selbstbestimmten Lebensführung intensiviert, als mit den Fragen von

Macht und Herrschaft, von Ruhm und Ehre, von Einsamkeit und Freiheit vertraut macht.

Darin steckt im deutschen Fall insofern noch ein besonderer Akzent, als nach kulturprotestantischem Verständnis[6] Bildung nicht nur als Voraussetzung persönlicher Freiheit, sondern zugleich als Bedingung sozialen Zusammenhalts gedacht wird. Persönliche Selbstbildung und gesellschaftliche Kulturvertiefung gehören nach reformatorischem Verständnis deshalb zusammen, weil das Christliche nach der Entlassung aus der Autorität der Kirche als versöhnendes Prinzip der Welt gedacht wird. Der Name dieses Versöhnungswerks ist Kultur. So wird Bildung zur Grundlage einer Kultur, die die sittliche Botschaft des Christentums in sich aufgehoben hat.

Der Kulturprotestantismus des Kaiserreichs verstand sich als Ausdrucksgestalt der »Gebildeten aller Stände«, die die moderne Kultur des Individualismus sowohl anerkennen als auch durch das Bewusstsein ihres Herkommens aus der Religion des Evangelium begrenzen wollten. Man wollte christlich bleiben können, ohne antimodern werden zu müssen. Weil die Kultur sich von der Kirche emanzipiert hat, muss sie eine Orientierung in sich selbst finden. Dafür sorgt die Religion der Bildung, die den einzelnen zu sich selbst bringt und damit zugleich auf das Ganze ausrichtet. Auf diese Weise können die Partikularinteressen der Individuen in der Kulturgemeinschaft der Nation ihre Aufhebung finden. Ein ethisch anspruchsvoller Begriff von Bildung zielt dem kulturprotestantischen Prinzip der Verweltlichung gemäß auf den nationalen Kulturstaat, der die Antagonismen der Gesellschaft zu überwölben und dem Gemeinwohl einen Ausdruck zu verleihen in der Lage ist.

Zuletzt wurde die Vorstellung eines nationalen Kulturstaats im Augenblick der deutschen Einigung vor zwanzig Jahren beschworen. Was die Bundesrepublik und die DDR trotz aller gesellschaftlichen Differenzen vereint, so wurde gerade von den Kritikern der Wiedervereinigung betont, ist die deutsche Kultur. Die Wiedervereinigung muss zuerst in der Kultur gelingen, damit sie dann auch in der Gesellschaft funktionieren kann. In dem Maße, wie wir in Deutschland zu einer gemeinsamen Bildung im Allgemeinen kommen, wächst zusammen, was zusammengehört.

Was ist von dieser Geschichte heute übriggeblieben? Der von katholischer Seite notorisch behauptete Bildungsvorsprung des »protestantischen Deutschlands« ist genauso wenig nachweisbar wie die Existenz eines ständisch geschlossenen Bildungsbürgertums. Erst recht kann von Geltung eines nationalen, die Differenzen von Ost und West ausgleichenden Bildungsrahmens keine Rede sein. Im Gegenteil: Im Zeichen der Leistungsvergleiche von PISA ist ein Bildungswettbewerb zwischen neuen und alten Bundesländern ausgebrochen, bei dem vor allem die Gymnasien unter Beweis stellen wollen, wozu sie in der Lage sind. Die MINT-Fächer, das sind Mathematik, Informatik, Naturwissenschaft und Technik, stellen dabei in der Regel den Maßstab dar – und nicht die allgemeine Bildung.

Heute gehört Bildung neben dem Einkommen und dem Beruf zwar zum Merkmalsbündel der Bestimmung

des sozialen Status einer Person, aber von einem ansprech-
baren sozialen Kreis der Gebildeten kann man heute in
Deutschland nicht mehr sprechen. Bildung bringt einem
Vorteile, aber sie sichert nicht mehr den Zugang zu einem
imaginären gesellschaftlichen Stand, der sich als Träger
eines führenden Lebensstils oder als Stütze des sozialen
Zusammenhalts begreift. Bildung ist eine Frage der individuellen Wahl, nicht der gesellschaftlichen Verpflichtung.

Eine Antwort auf die Frage, wo dann der Leitgedanke
einer allgemeinen Bildung bleibt, hat Ralf Dahrendorf in
seiner schon erwähnten Schrift von 1965 gegeben: »Bildung ist Bürgerrecht«. Dahrendorfs Intervention stellt bis
heute einen Meilenstein dar, weil sie für die Verteilung von
Bildung den Staatsbürger ins Spiel gebracht hat, der arm
oder reich, katholisch oder evangelisch, Berliner oder
Bayer sein kann. Alle Menschen haben als Staatsbürger ein
Recht auf Bildung.

Bildung wird hier also nicht mehr als gruppenspezifi-
sches Privileg, sondern als allgemeines Anrecht begriffen.
Das betrifft das Recht jedes Menschen auf eine intensive
Grundausbildung, die sie oder ihn dazu befähigen, von
ihren und seinen staatsbürgerlichen Rechten und Pflich-
ten wirksamen Gebrauch zu machen, sowie das Recht
jedes Menschen auf eine der individuellen Leistungsfähigkeit entsprechende weiterführende Ausbildung.[7]

Es stört den Liberalen Dahrendorf Mitte der 1960er
Jahre offenbar nicht, dass es der Staat den Bürgern ermöglicht, in der Öffentlichkeit ihre Stimme zu erheben und
durch Bildung und Beschäftigung das Beste aus ihren
Möglichkeiten zu machen. Und er ist sich auch darüber im

Klaren, dass eine aktive Bildungspolitik Eingriffe in die soziale Einbettung der Menschen mit sich bringt, die eine Entfremdung von der Herkunft bedeuten. Aber die Befreiung zu den eigenen Möglichkeiten rechtfertigt die Herauslösung aus ungefragten Bindungen.

In Dahrendorfs soziologischem Weltbild dient staatlich herbeigeführte Bildung daher nicht automatisch dem sozialen Zusammenhalt. Sie kann sogar die Konflikte um Lebenschancen verstärken, weil viele sich melden und mehr wollen. Aber für den liberalen Gesellschaftsdenker bilden Integration und Konflikt keine Gegensätze. In einer offenen Gesellschaft, in der sich die verschiedenen Interessenspositionen öffentlich artikulieren, kollektiv organisieren und als politische Gegensätze von Großgruppen aufeinanderstoßen, heißt die Lösung des Rätsels sozialer Ordnung: Integration durch Konflikt. Dafür schafft das Recht auf Bildung, das die Bürgerrechte vor dem Gesetz und die Partizipationsrechte im Staate ergänzt, die Voraussetzung. Wer öffentlich zum Ausdruck bringt, was ihm wichtig ist, was sie für sich will und welche Rolle man für sich im gesellschaftlichen Leben sieht, macht von seiner Freiheit Gebrauch. Es reicht nicht, dass einem diese Freiheit im rechtlichen Sinne zuerkannt wird, man muss sie sich auch im sozialen Sinne nehmen können. Am Ende entscheidet sich für Dahrendorf an der Frage der Bildung der Unterschied zwischen formalen und effektiven Praktiken der Freiheit in einer Gesellschaft ohne Zentrum und Spitze.

Dreißig Jahre später, nachdem Dahrendorfs Plädoyer für eine aktive Bildungspolitik in einer umfassenden und weitgehenden Bildungsreform aufgegangen war, stellt Hartmut von Hentig fest, dass die Antwort auf unsere behauptete oder tatsächliche Orientierungslosigkeit nicht Wissenschaft, nicht Information, nicht die Kommunikationsgesellschaft, nicht moralische Aufrüstung, nicht der Ordnungsstaat, sondern einzig und allein Bildung sei.[8] Damit wird die Rückkehr zu einem allgemeinen, lebenspraktisch relevanten und gesellschaftlich folgenreichen Begriff von Bildung begründet. Es geht wie bei Dahrendorf um die Ausstattung der Menschen zu Bürgern, aber dazu müsse noch einmal grundsätzlich bedacht werden, was das Subjekt des Bildens, was der Charakter von Bildungsprozessen und was der Ausdruck von Bildung sei. Am Ende gehe es darum, was den Menschen zu einer Person macht.

Hentigs Bilanz der mit reformatorischem Eifer betriebenen Bildungsexpansion ist ernüchternd: Sie habe die Aufhebung des Kanons, eine größere Aufmerksamkeit für den einzelnen, eine Vernachlässigung von Formen und Ordnungen und vor allem ein verstärktes Bewusstsein erbracht, dass man in der Schule seine Karriere beginnt oder verpasst.[9] Bei dem großen Versuch der Nachkriegszeit, die Einheit von wirtschaftlichem Wachstum, sozialem Aufstieg und individueller Emanzipation herzustellen, sei etwas schiefgegangen. Man habe trotz erheblicher Anstrengungen in der Bildungspolitik das Wesentliche verspielt: Die Bildung selbst.

Es steckt offenbar ein Mysterium in diesem Begriff, der aufs Ganze geht. Für Hentig schafft Bildung, richtig verstanden und verständig ins Werk gesetzt, nicht weniger als die Einheit von Person, Gesellschaft und Kultur. Sie setzt das sich bildende Ich in die Lage, sein eigener Lehrmeister zu sein, sie eröffnet dem Heranwachsenden Wege, seine Rolle und ihren Beruf in der Gesellschaft zu finden und sie verleiht uns allen eine lebenslange Orientierung in unübersichtlich gewordenen Verhältnissen. Mit anderen Worten: Sie vermittelt Lebensfähigkeit, fördert Berufsfähigkeit und vollbringt Kulturfähigkeit.

Sie schafft das alles, wenn sie Anlässe für Einsicht und Freude liefert, die den jungen Menschen begeistern, herausfordern und bewegen. Wahre Bildung ergreift das sich bildende Ich in seiner Welt.

Hentigs Erzieher ist auf den Spuren von Sokrates, Cäsar oder Dante Menschenbildner, Geburtshelfer, Mythenerzähler, Denkanstoßer, er begegnet der staatlichen Pflichtschule aus dem Geist der funktionalen Differenzierung mit Skepsis und wünscht sich eine Schule des Lebens aus dem Geist der Antike für alle.

»Ich sehe ihn noch heute vor mir«, könnte eine Schülerin oder ein Schüler einer solchen Schule im Rückblick festhalten, »wie er mir gegenüber am Tisch saß und seine tiefschwarzen Augen unter dichten Augebrauen auf mich richtete, Augen, die lächeln, die fragen, die aber auch unheimlich drohen konnten; wenn sie mich ruhig anblickten, waren sie von einer unergründlichen Stille, in die ich zu versinken glaubte wie in einem dunklen Waldsee. Der Unterricht, den er mir gab, war darin großartig, dass er sich in einer kaum glaublichen Weise über alle Regeln und Erfahrungen der Erziehungskunst hinwegsetzte. Wir begannen nicht etwa mit der Deklination von mensa, sondern mit einer lateinischen Ekloge von Dante; von da gingen wir nach einigen Wochen zum Carmen Saeculare des Horaz über, das ich am Ende des ersten Vierteljahres meinen Eltern zu Weihnachten auswendig vortragen konnte. Damals hatte ich immer noch nicht deklinieren gelernt, aber ich verstand die Worte, die ich zu sprechen hatte, ich wusste, wie ein römisches Gedicht klingt, ich hatte einen Begriff von der Architektur des Gedichtes und bemühte mich, sie im Vortrag darzustellen.«

So der Schulleiter, Religionsphilosoph und Bildungsforscher Georg Picht, der 1965 mit seiner im Wochenblatt *Christ und Welt* publizierten Artikelserie »Die deutsche Bildungskatastrophe« in der Bundesrepublik eine große gesellschaftliche Debatte über die erste deutsche Bildungsmisere auslöste, über das Bildungserlebnis mit seinem Lateinlehrer Josef Liegle.[10] Inzwischen ist die verborgene Referenz im Großen Gesang der bundesrepublikanischen Bildungsreform aufgedeckt worden. Der gerade zitierte Georg Picht, Hellmut Becker, der Gründer und langjährige Leiter des Berliner Max-Planck-Instituts für Bildungsforschung, Hartmut von Hentig, der Gründer der Bielefelder Laborschule und maßgebliche Stichwortgeber der Reformpädagogik, der Sohn des geheimnisvollen Lateinlehrers Josef Liegle, der Erziehungswissenschafter Ludwig Liegle, kannten sich, trafen sich, verbanden sich und waren dabei unaufhörlich miteinander im Gespräch, das sich immer um den Einen drehte: Diese Drahtzieher der Bildungsexpansion feierten Stefan George als heimlichen Erzieher der Deutschen.[11]

Sexuelle Mehrsprachigkeit gehörte genauso zum Ton

dieses weitverzweigten sozialen Kreises wie das Pathos von Schönheit und Größe, von Ehrfurcht und Verschwiegenheit, von Ungezwungenheit und Erhabenheit. Die Auffassung der Pädagogik nicht als Anstrengung der Formung, sondern als Kunst des Geschehenlassens, die wissenschaftliche Betrachtung nicht als Fetischismus von Tatsachen, sondern als Einheit von Sachlichkeit und Enthusiasmus, die Idee der Schule nicht als Berufsvorbereitungsanstalt, sondern als Lebens- und Erfahrungsraum – dieses ganze Denken kreist um den Dichter als Erzieher und »unerkannten Gesetzgeber der Welt« (Edith Landmann).

Die Klöster solcher Bildung waren Landschulheime, die man als Bausteine einer künftigen Gesellschaft begriff. Hier sollte die konkrete Utopie einer anderen Bildung entstehen, die das Bildungswesen insgesamt zu erneuern vermochte. Dank der Vernetzungspolitik des Menschenfischers Hellmut Becker mit dem Berliner Max-Planck-Institut für Bildungsforschung als Zentrum ist in der Bundesrepublik, die mehr Demokratie wagen wollte, eine neue, höchst wirkungsvolle und ungemein einflussreiche reformpädagogische Bewegung entstanden, die am Ende einer ganzen Generation von Bildungsaufsteigern zugutegekommen ist. Man hat dies ein »dissidentes Gegenestablishment« genannt, das über *Die Zeit*, den Westdeutschen Rundfunk oder die Universität Bielefeld als »protestantische Mafia«, wie es schon seinerzeit hinter vorgehaltener Hand hieß, ihre Wirkung entfaltete.

»Die Erziehung der Bildungsreformer war ein durch und durch elitäres Projekt, ersonnen von sendungsbewussten Angehörigen der Eliten, die für die Massen und massengerecht zu handeln meinten, während sie in Wahrheit an Chiron und Achill dachten und Ideen generalisierten, die großenteils aus der Reformschulbewegung stammten: die Bundesrepublik, ein Landeserziehungsheim.«[12]

5. Der bildungsindustrielle Komplex

Aus ökonomischer Perspektive gehört Bildung zum Humankapital einer Person. Die Humankapitalanalyse, so wie sie beispielsweise von Gary Becker vorgeführt wird, dem dafür 1992 immerhin der Nobelpreis für Wirtschaftswissenschaften verliehen wurde, geht von der Annahme aus, dass der einzelne unter Abwägung von Kosten und Nutzen über seine Bildung, seinen Beruf, seine medizinische Versorgung, über die Gewohnheiten seiner Ernährung, seiner Bewegung und seines Schlafes entscheidet. Zum Nutzen zählen Vorteile in der Wertschätzung innerhalb der für relevant gehaltenen Bezugsgruppen sowie natürlich Verbesserungen der Einkommenssituation; während die Kosten üblicherweise vom entgangenen Wert der Zeit abhängen, die für die verschiedenen Investitionen ins eigene Selbst verwendet worden ist. Der Begriff des Humankapitals umfasst also die Gesamtheit der für die Produktivität des einzelnen maßgeblichen Gewohnheiten und Einsichten, wozu Becker sogar schädliche Gewohnheiten wie unmäßiges Rauchen und Alkoholgenuss zählt.[1] Es geht um die positiven oder negativen Auswirkungen für das Agieren auf den verschiedenen Märkten des Lebens: den Arbeits-, den Heirats- oder den Aufmerksamkeitsmärkten.

Der Clou dieser Perspektive besteht freilich nicht in der Erkenntnis, dass man kann, was man kann, und weiß, was man weiß, sondern in der Unterstellung, dass die einzelnen etwas tun oder lassen, um ihre Aussichten auf Erfolg im Leben zu verbessern. Dabei spielen Investitionen oder Desinvestitionen eine Rolle, die das Wesen eines Menschen ändern können. Kein Zweifel: Eine Berufsausbildung oder eine Partnerwahl genauso wie andauernde Arbeitslosigkeit oder eine nicht verwundene Trennung können aus einer Person einen anderen Menschen machen.

Investitionen allerdings sind nie umsonst. Sie kosten Zeit, deren Wert sich als entgangenes Einkommen darstellen lässt. Das wiederum hängt von Höhe der Bildung, der Berufsposition oder des Einkommens der Person ab, die aufgrund von Investitionen in die eigenen Möglichkeiten noch besser dastehen will.

Die Humankapitalanalyse kann man daher auch als eine Form der Rationalisierung von biographischen Kalkülen ansehen, nach denen eine Person entscheidet, ob sie weitere Anstrengungen für Bildung, für Fitness oder, was Becker ganz besonders interessiert, für Kinder unternehmen will. Es ist der gesamte biopolitische Komplex von Konnubium, Kinder, Körper, an dem die Humankapitalanalyse ihre Stärke unter Beweis stellen will. Man kann die Zeit und die Energie berechnen, die man für den Partner, das Kind und die körperliche Verfassung aufwendet, und daraus Schlüsse über die Frustrationstoleranz in der Partnerschaft, über die Anzahl gewünschter Kinder und über die gesundheitliche Verfassung im Rentenalter ziehen. Auch hängt es mit der sozialen Lage einer Familie zusammen, ob sie die Aufwendungen für ein Kind eher unter dem Aspekt der Ausgabenbelastung oder des Verdienstausfalls betrachtet. Das ergibt sich einfach aus der jeweiligen Investitionsbilanz des Elternpaars: Je höher der Bildungsabschluss, umso mehr verdienen die Eltern und umso teurer ist die Zeit, die sie mit dem Kind und für es im Haushalt verbringen. Insbesondere ist es nach solchen Analysen für Frauen mit niedriger Bildung billiger, für das Kind zu Hause zu bleiben, als für Frauen mit höherer Bildung, für die es sich besser rechnet, Betreuungszeit für das Kind in Gestalt von Haushaltskräften dazuzukaufen. Für die einen bedeuten Kinder vor allem höhere Ausgaben und für die anderen geringeren Verdienst.

Bevor man dieses Denken als Ausdruck einer Entfremdung durch die Herrschaft der Ökonomie verwirft, sollte man sich fragen, woher es kommt, dass Wirtschafts- und Bevölkerungswissenschaftler beispielsweise nach der Substitutionsbeziehung zwischen der Quantität und der Qualität von Kindern forschen, also herauszubekommen suchen, warum manche Familien für viele Kinder wenig und andere für wenige Kinder viel tun. Es versteht sich eben nichts mehr von selbst: Weder ob man überhaupt Kinder haben will noch wie viele Kinder man tatsächlich bekommt und vor allem, wie viel eigene Zeit man für die Kinder zu welchem Zweck aufbringt. Die verbreitete Mittelklassenantwort in den europäischen Gesellschaften lautet: Man wünscht sich zwei Kinder, hofft auf Unterstützung der Familie durch betreuende Einrichtungen außerhalb der Familie und setzt alles daran, dass sich die ganze Liebe, Mühe und Kraft, die man in die eigenen Kinder hineingegeben hat, in der Weise lohnt, dass diese einen passenden Partner finden, im Leben erreichen, was sie sich vorgenommen haben, und so glücklich wie möglich werden. Die vielleicht wichtigste Voraussetzung dafür ist nach allgemeiner Auffassung, dass man für eine gute Bildung seiner Kinder sorgt.

Jedenfalls macht es einen Klassenunterschied, ob man die Kinder sich selbst überlässt oder gar als Quelle von Transfereinkommen nutzt oder ob man in die Kinder im Dienste ihrer Zukunft investiert. Die »Qualität eines Kindes« ist dem Ansatz der Humankapitalanalyse zufolge Ausdruck der Gesamtheit jener Güter und Dienstleistungen, die Eltern einem Kind zukommen lassen. Die Dramatisierung des Kinderschicksals ist Ausdruck der vielfältigen Qualitätssteigerungsstrategien in Bezug auf den Nachwuchs. Die hauptsächlichen Kosten dieser Investition bestehen besonders für die immer besser ausgebildeten Frauen, die nach wie vor die hauptsächliche Last der Sozialisations- und Familienarbeit tragen, aus entgangenem Einkommen. Außerdem beschleicht gerade die jungen urbanen Mütter mit höherem Bildungsabschluss das dumme Gefühl, dass Kinder immer erst im nachhinein glücklich machen. Dieser Verzicht muss sich irgendwie rechnen. Das vom deutschen Staat erfundene Elterngeld wirkt da wie ein Tropfen auf den heißen Stein.

Bildung ist nach diesem Verständnis eine Ressource der Selbstdurchsetzung im Dienste der Selbstverwirklichung. Deshalb steht sie im Zentrum des Humankapitals einer Person. So wie die Eltern Bildung in das Kind investieren, soll dieses sich selbst bilden, um schließlich in Vollendung des genealogischen Investitionszyklus die Enkel wieder mit Bildung zu versorgen. Dahinter steht die stille Hoffnung, dass sich der soziale Status der Familie in der Generationenfolge zumindest erhält.

Es ist dann nicht weiter verwunderlich, dass mit der gesellschaftlichen Normalisierung einer solch investiven Haltung die Nachfrage nach Kriterien und Methoden erfolgversprechender Bildung wächst. Sie müssen auf der einen Seite eine gewisse formale Allverwendbarkeit in der Milieuvielfalt und auf der anderen eine kulturelle Unbezweifelbarkeit auf den gesellschaftlichen Teilmärkten aufweisen. Die verschrobenen Bildungsziele einer reformpädagogischen Weltverbesserung passen dafür ebenso wenig wie antiquierte Bildungsmittel wie Frontalunterricht ohne Methodenwechsel oder Klimmzüge am Reck. Was Bildung bewirken soll, muss sich auf unproblematische Prämissen und ausbaufähige Modelle beziehen. Dafür definiert die Bildungsforschung akzeptable Standards und eine Bildungsbranche stellt handhabbare Methoden zur Verfügung.

Hier treffen sich heute die Propagandisten von PISA und die Anbieter von Bildungssoftware fürs häusliche Nachlernen, von Privatschulen für die optimale individuelle Förderung und von Exzellenzclustern für die Gewährleistung globaler Wettbewerbsfähigkeit. Die einen führen vor Augen, wo es überall hapert und was alles zu tun ist, die anderen reagieren mit entsprechenden Angeboten auf festgestellte Lücken und Mängel in der Bildungsversorgung. Hier ist ein bildungsindustrieller Komplex entstanden, der auf der einen Seite die Bedürfnisse schafft, die auf der anderen befriedigt werden.

Die mit dem Signalausdruck PISA angesprochenen Untersuchungen stellen einen bestimmten Typ von Auftragsforschung dar, die nur nicht auf einen privaten, sondern auf einen öffentlichen Auftraggeber zurückgeht. Wie bei der Neuausrichtung der Arbeitsmarktpolitik in der Hartz-Ära bestand der ursprüngliche Auftrag darin, durch Leistungsvergleiche mit anderen Ländern die Fenster zu öffnen. Durch das Erstellen von Rankings, die anschaulich machen, wo die Bildungsrepublik Deutschland im Vergleich mit Korea, Australien, Polen oder Portugal steht, sollte Legitimität für eine eingreifende Bildungspolitik geschaffen werden, die Modelle besserer Praxis von woanders in den deutschen Weg zu besserer Bildung und höherer Produktivität einfügt. Wer das eigentlich will und warum das alles geschieht, bleibt hinter dem Kürzel OECD verborgen. Es scheint einen Willen der entwickelten Länder, die sich zumindest der Marktwirtschaft verpflichtet fühlen, zu geben, sich durch Wettbewerb untereinander zum jeweiligen Vorteil voranzubringen.

Die PISA-Forscher selbst zeigen sich von der Fruchtbarkeit ihres intelligenten Reduktionismus überzeugt. Zwar lässt sich nicht alles, was Bildung ausmacht, auf einen Index bringen, so lautet das Argument, aber es lassen sich doch zentrale Aspekte des Bildungsgeschehens mit Tests und Fragebogen präziser erfassen und vorurteilsfreier bewerten, als das zu Zeiten einer bloß normativ ambitionierten Pädagogik im Gefolge von Pestalozzi der Fall war. Eine betont unideologische Haltung soll dazu beitragen, auf empirische Weise eine normative Frage zu behandeln: wie sich Bildungsstandards und Bildungsmethoden in einer Gesellschaft begründen können, für die bei aller Pluralität der Wertpräferenzen die Mehrung des Humankapitals Bildung an erster Stelle steht. Mit anderen Worten: Niemand will sich vorschreiben lassen, wie sie oder er zu leben habe, aber alle betrachten Bildung als wesentliche Voraussetzung einer erfolgreichen Lebensführung.

Hier macht PISA ein doppeltes Angebot: Es erneuert für die Gesellschaft die Vorstellung, dass Bildung dem sozialen Zusammenhalt dient, und bestärkt die einzelnen trotzdem im Glauben, dass man sich durch Bildungsinvestitionen im alltäglichen Wettbewerb mit seinen Mitmenschen einen langfristigen Vorteil sichern kann. Man schreibt sich die Formulierung und Durchsetzung von Mindeststandards schulischer Bildung auf die Fahnen und verbindet damit die Aufforderung, niemanden in seinem Bildungsgang unter einem bestimmten Niveau allein zurückzulassen, und macht andererseits Vorschläge, wie schulische Bildungsprozesse durch die Verbindung von Individualisierung und Egalisierung optimiert werden können.[2] Man zieht einen Strich und verkündet, dass von da ab jedes einzelne Kind so schnell vorankommen kann, wie es ihm möglich ist.

Der Wunderbegriff, der dies bewerkstelligt, ist der Begriff der Kompetenz. Die Kompetenzen relativieren den Kanon, weil es weniger darauf ankommt, was man weiß und was man kann, sondern, wie man etwas herausfindet und wie man sich etwas beibringt. So entwindet sich ein formaler Bildungsbegriff endgültig jeder materialen Bildungsidee. Kompetenzen bezeichnen im heute herrschenden pädagogischen Diskurs die Fähigkeit, sich die Welt auf dem Wege des Lernens anzueignen.

Dieses Verständnis des Kompetenzbegriffs stammt aus dem humanwissenschaftlichen Denken der 1970er Jahre, als von verschiedenen Richtungen aus die Idee von Neuschöpfung innerhalb eines Regelsystems ins Spiel gebracht wurde. Wo der Mensch aus endlichen Mitteln unendlichen Gebrauch macht, wie es bei Humboldt hieß, entsteht Freiheit aus der Begrenzung. Der Sprachforscher Noam Chomsky stellte heraus, wie sich Kinder auf Basis eines ihnen lediglich in Bruchstücken angebotenen Sprachmaterials das Sprechen einer Sprache selbst beibringen; der Entwicklungspsychologe Jean Piaget beschrieb an seinen eigenen drei Kindern, wie aus den Operationen des Tuns durch »reflexive Abstraktion« die Operationen des Denkens gewonnen werden; und der wiederentdeckte Sozialphilosoph George Herbert Mead legte dar, wie das sich bildende Ich aus den Rollenübernahmen der anderen im Verlauf eines sozialen Handlungsprozesses eine Vorstellung seiner selbst entwickelt. Im Übergang von einer Periode der Stabilität durch Enttäuschung zu einer der Öffnung durch Engagement wollte man seinerzeit den Menschen nicht länger als Produkt seiner Umwelt, sondern in erster Linie als Konstrukteur seiner Welt begreifen. Kompetenz zeigt sich im Sprung von der kleinen Datenbasis zum komplizierten Wissenssystem.

Es hängt mit dieser um 1968 kulminierenden Vorgeschichte zusammen, dass im pädagogisch besetzten Kompetenzbegriff von heute noch Vorstellungen von Eigentätigkeit, Kreativität und Freiheit verborgen sind. Aber dominant ist ein anderes Verständnis: Es geht um die Vermessung spezifischer Fähigkeiten, nicht um die Rekonstruktion eines universellen Könnens. Die Methodisierung von Kompetenz in bestimmte Aufgabenformate fürs sprachliche Text- oder mathematische Strukturverständnis dient der Feststellung von Unterschieden zwischen Individuen, nicht der Freilegung eines verdeckten, verdrängten oder verschobenen menschlichen Potentials. Auf dem Weg der Klassifikation ist das Ziel der Emanzipation auf der Stecke geblieben.

Die PISA-Kompetenzen ermessen den OECD-Raum. Die PISA-Forscher wollen aus Gründen der Werturteilsfreiheit dabei vom polemischen Gehalt bestimmter, sagen wir, französischer, schwedischer oder chinesischer Bildungsideen Abstand halten, sie haben dadurch merkwürdigerweise jedoch das Rätsel der universellen menschlichen Natur aus dem Blick verloren. Wer nichts mehr von der Kathedrale von Saint-Denis und Racine, nichts vom sozialdemokratischen Volksheim und den Dramen von August Strindberg und nichts vom Mandarinenkult und der Theorie des Krieges von Sun Tzu wissen will, versteht womöglich auch nichts mehr von der Bildung des Menschen.

Die Kompetenzen, die PISA misst, sind weder deutsch noch menschlich, sie stellen vielmehr Konstrukte aus dem Bereich zwischen nationalkulturellen Konzepten und gattungsuniversellen Ausstattungen dar. Die Testfragen wären in den Ländern aus ganz verschiedenen Erdteilen für die Schülerinnen und Schüler gar nicht verständlich, wenn sie sich nicht auf mehr oder minder explizite Curricula der jeweiligen Bildungsorganisationen beziehen würden. Nur weil alles so ähnlich geworden ist, kann man miteinander in Wettbewerb treten. Die Frage der Steigerbarkeit individueller Leistungen und der Optimierbarkeit organisatorischer Strukturen beruht auf der Voraussetzung, dass Anforderungsprofile ähnlicher und Selektionsmechanismen gleichartiger geworden sind. Ob man in Frankreich, in Schweden oder in China zur Schule geht oder die Universität besucht, es geht überall nur um das Eine: Die Mehrung von Bildung als Humankapital der Selbstdurchsetzung und Statusverbesserung.

Es ist wie bei den Autos. In dem Maße, wie die Modelle weltweit ähnlicher werden, verschärft sich der Konkurrenzkampf auf dem einen großen Markt. Weder bei den ganz teuren noch bei den ganz billigen Marken wird über diesen Kampf entschieden, sondern bei den Mittelklassemodellen, die, wie Ludwig Erhard wusste, »Wohlstand für alle« annoncieren.

Dieser Vorstellung eines notwendigen Gangs der Weltgeschichte, der jeder Bildungsidee den nationalen Boden unter den Füßen wegzieht und alle Emanzipationsphantasien als elitäre Hirngespinste entlarvt, verdankt die internationale Gemeinde der PISA-Forscher den Status einer »epistemischen Polizei« (Bruno Latour), die auf die Steigerbarkeit des Ähnlichen achtet. Dazu ist es nötig, eine Klassifikation von Risikogruppen vorzunehmen, die nach den empirisch befestigten Kriterien des Kompetenzerwerbs hinter bestimmten Stufen und Ausprägungen zurückbleiben. Man spricht in der einschlägigen Literatur von Schülerinnen und Schülern, die bestimmte Mindeststandards nicht erreichen, die für einen erfolgreichen beruflichen Werdegang, eine gelungene private Lebensführung und die aktive Teilhabe am gesellschaftlichen Leben in modernen Dienstleistungsgesellschaften als unabdingbar angesehen werden.

Jede dieser Bestimmungen erweist sich bei genauerem Hinsehen als theoretisch sehr voraussetzungsreich und durchdrungen von unausgewiesenen Vorstellungen einer respektablen Lebensführung in Gesellschaften unserer Art. Was den Erfolg eines beruflichen Werdegangs ausmacht, stellt sich für den *organization man* von William Whyte aus den 1950er Jahren ganz anders dar als für den »Arbeitskraftunternehmer« von G. Günter Voß und Hans J. Pongratz aus den 1990er Jahren. Würde der erste auf keinen Fall einen Widerspruch zwischen dem Wunsch, das Leben zu genießen, und dem Willen, im Beruf voranzukommen, hinnehmen, so lebt der zweite gerade aus der wachsenden Vermischung von Arbeit und Freizeit. »Bezahlte Indifferenz« im Arbeitseinsatz, wie Niklas Luhmann das genannt hat, steht der unternehmerischen Anspannung im Eigenbetrieb gegenüber. Erst recht stellen sich solche Fragen in Bezug aufs Gelingen privater Lebensführung: Was unterscheidet bei der Partnerschaft den Traum überzufälliger Harmonie von der prosaischen Akzeptanz einer Kameradschaft im Lebenskampf? Schließlich muss man festhalten, dass Seymour Martin Lipsets *political man* sein Zentrum in der privaten Existenz erblickt, wohingegen Amitai Etzionis Aktivbürger sich vor allem im öffentlichen Leben beweist. Im Hinblick auf die aktive Teilhabe am gesellschaftlichen Leben könnten die Akzente entgegengesetzter nicht sein. Was aus der Perspektive des bewegten Aktivbürgers als passiver Privatismus gebrandmarkt wird, birgt aus der Perspektive des skeptischen Privatbürgers die Gefahr des entgleisten politischen Moralismus. Ob insgesamt die Gegenwartsgesellschaft als moderne Dienstleistungsgesellschaft angemessen charakterisiert ist, steht nach der Wiederkehr des Bewusstseins von der Bedeutung industrieller Wertschöpfung nach dem Crash von 2008 erst recht in Frage. Die deutsche Ökonomie ist aus der Krise jedenfalls deshalb so stark hervorgegangen, weil man hierzulande nicht den Fehler begangen hat, alles auf die neue Ökonomie der Dienstleistung auszurichten, sondern die alte Ökonomie der Industrie auf dem Wege der Intensivierung durch Dienstleistung und Wissen restrukturiert hat. Für die aufstrebenden Generationen ohne Gedächtnis, die heute in den Ökonomien der Schwellenländer auf dem Vormarsch sind, sieht der Gesellschaftsglaube sowieso ganz anders aus als für die Generationen mit einem langem Gedächtnis, die wie Deutschland am Gefühl eines Aufstiegs aus Ruinen hängen.

Eine Reflexion auf die stillen Annahmen der PISA-Welt ist deshalb geboten, weil sonst nur zu einem Defizit wird, was eigentlich eine Differenz ist. Soll ein Jungmann mit Migrationsgeschichte und bildungsferner Herkunft, der noch nie das Meer gesehen hat, die gleichen Aspirationen besitzen wie die Tochter eines zu Geld gekommenen Getränkegroßhändlers mit rein deutscher Abstammung, die ihr Herz ans Theater verloren hat? Am Ende geht es bei der Frage der Bildung immer auch um unterschiedliche Auffassungen darüber, was im Leben wirklich zählt. Der bildungsindustrielle Komplex, der sich von der Bildungsreligion der deutschen Tradition verabschiedet zu haben glaubt, hat sich einem Bild des Menschen als »ökonomischem Tier« verschrieben, das in der freien Ausübung seines Selbstdurchsetzungsdrangs das legitime Mittel zur Verwirklichung seiner wichtigsten Ziele sieht. Positionen, Privilegien und Rechte gibt es für Menschen, die sich anstrengen, sich lebenslang fortbilden und ihre Kinder zur Bildung erziehen. Alles andere bedeutet Snobismus, Faulheit oder romantische Spinnerei.

6. Löwen und Füchse

In der Klassik des politischen Denkens wird seit der Antike eine schöne Fabel über den sozialen Wandel weitergetragen. Die Reihe beginnt mit Äsop und geht bis Vilfredo Pareto, den die europäischen Faschisten für sich in Anspruch genommen haben, und John Maynard Keynes, auf den sich bis heute die Sozialdemokraten berufen: Demnach geht es zu allen Zeiten und an jedem Ort um den Widerstreit zwischen Löwen und Füchsen. Die einen definieren die Werte, unterstellen sich den Idealen, bewachen die Eingänge und achten auf die Bräuche; die anderen setzen viel ein, weil sie wenig haben, pfeifen auf die hehren Ideale, sehen lieber, dass sie einen Fuß in die Tür bekommen, und brechen mit den Gewohnheiten.

Die Löwen bilden die Partei der Privilegien und der Anrechte und die Füchse die der Chancen und Optionen.[1] Beide Seiten kämpfen in jeder Phase des sozialen Wandels miteinander, und man kann sich kein Ende dieses ewigen Spiels ohne Regeln und Schiedsrichter vorstellen. Aber der Konflikt ist produktiv fürs Ganze. Es müssen die Dinge von den Statusbewahrern kanalisiert und von den Statussuchern mobilisiert werden.

Die Fabel veranschaulicht, dass soziale Mobilität nicht nur der Mechanik von Auf- und Abstiegen gehorcht, vielmehr zugleich eine Konstellation widerstrebender Kräfte darstellt. Während die einen am Erhalt sozialer Statuspositionen durch Weitergabe des Erbes interessiert sind, wollen die anderen in der Rangordnung überhaupt einen Platz erobern. Wer seine Chancen gesichert hat, blickt streng auf jene, die welche gewinnen wollen. Die einen stehen an den Eingängen, kontrollieren die Eintrittskarten und achten darauf, dass die Wege eingehalten werden; die anderen suchen Nischen und Abkürzungen, experimentieren mit Tricks und Täuschungen und wollen unbedingt einen Coup landen. Die Löwen sind die Titelträger, die Füchse die Herausforderer. Deshalb müssen die, die es geschafft haben, auf Zertifikate pochen und mit erhobenem Zeigefinger auf der Folge der Qualifikationen bestehen; und deshalb müssen andersherum diejenigen, die aus dem Nichts kommen, Einsätze wagen und auf Sieg setzen. Die Löwen beanspruchen Leistung, die Füchse wollen Erfolg.

Ein bevorzugter Schauplatz dieses Kampfes ist in allen modernen Gesellschaften das Bildungssystem. Hier prallen die von den Kindern repräsentierten Statusansprüche der Elternhäuser aufeinander, woraus sich der eigentümliche Doppelcharakter des Schullebens ergibt. Für die Kinder selbst wird sehr schnell klar, dass sie in der Schule nicht allein für sich stehen, sondern stets auch ihr Zuhause mittransportieren. Siege und Niederlagen, Gewinne und Verluste, Bevorzugungen und Benachteiligungen gehen immer auch auf ein zweites Konto. Jeder Schüler trägt das Gepäck seiner Eltern mit in die Schule, und jede Schülerin ficht aus, zu was sie beauftragt ist.

Darüber soll in der Leistungsgesellschaft ein unparteiischer Schiedsrichter wachen, der Aufgaben definiert und Noten verteilt. Die Schule gibt vor, nur das einzelne Kind zu sehen, das aus eigenem Antrieb Leistung erbringt, sich dabei an allgemeinen Beurteilungsmaßstäben orientiert und dies als Rollenerwartung an sich selbst akzeptiert. Aber jeder Fuchs, der als Arbeiterkind von unten oder als Migrantenkind aus dem Nichts kommt, merkt bald, dass die Löwen das Feld beherrschen. Sie lassen einem keine Wahl: Entweder man unterwirft sich ihren Gesetzen oder man wird aussortiert, zurückgelassen oder, was das Schlimmste ist, in Sonderbehandlung genommen. Deshalb will das Unbehagen, das seit dem Tag der Einschulung sich festgesetzt hat, als man statt mit einer selbstgebastelten Schultüte mit einer schnell noch bei einem Papierdiscounter gekauften Fertigteil voller inkorrekter Süßigkeiten in der Aula erschien, nicht weichen.

Es gibt die Füchse, die zu Löwen geworden sind. Sie haben die Leistungsgesetze der Schule internalisiert und werden für ihre Folgsamkeit von einem Mentor, der sich ihrer annimmt, belohnt. Doch ihre Situation bleibt paradox: Sie sind das, was sie nicht sind, und nicht das, was sie sind. Dadurch freilich haben sie etwas aus sich gemacht. Sie zeigen Leuten aus ihrer Lage, was man kann, wenn man nur will. Sie bewahrheiten jedes Mal wieder das bildungspolitische Credo, dass die Herauslösung aus den untergründigen Bindungen die Voraussetzung für die Befreiung zu den eigenen Möglichkeiten darstellt.

Am einfachsten haben es dabei die naturwissenschaftlich-technischen Begabungen. Sie können als Füchse zeigen, was in ihnen steckt, ohne ganz zu Löwen werden zu müssen. Wenn sie einen anderen Dreh zur Lösung der mathematischen Aufgabe oder eine geschickte Variation der physikalischen Versuchsanordnung gefunden haben, schlagen sie dem Schulbuchwissen ein Schnippchen und lassen bei aller Folgsamkeit eine freche Intelligenz aufblitzen. Die Mischung aus Renitenz und Hörigkeit hält sich bei manchem Ingenieur oder bei so mancher Chemikerin aus den sprichwörtlich kleinen Verhältnissen ein ganzes Leben lang.

Die Fabel passt indes auf immer weniger Kinder. Die meisten Schülerinnen und Schüler aus den mittleren Soziallagen mit den unauffälligen Intelligenzen kommen in der Schule als Mittelklasseninstitution, wie die kritische Pädagogik der 1970er sagte, ganz gut zurecht. Sie lieben die Lehrerin, die sie in der Grundschule auch mal auf den Schoß nimmt, wenn sie nicht mehr weiter wissen, und mokieren sich über den Englischlehrer, der nicht aufhört, sich über die Bedeutung von Regeln auszulassen, und bei jeder dummen Bemerkung von Selma oder Abdul in Rage gerät. Man gehört weder zu den Löwen noch zu den Füchsen, und wenn man nicht allzu sehr aneckt, schafft man auch zusammen mit den ausschlaggebenden 40 Prozent des Jahrgangs das Abitur.

Schwierig gestalten sich die Verhältnisse nur für die Füchse, die unbedingt Füchse bleiben wollen. Sie müssen ein Proprium der Herkunft zur Schau stellen, das das Wilde, Schlaue und Unbotmäßige des Fuchses zu repräsentieren in der Lage ist. Das ist der Körper, der sich als notwendiger sozialer Ausdruck ihrer zufälligen Geburt darstellt. Sie werfen die Moralität des Körpers in die Waagschale, um die Aufmerksamkeit für einen Unterschied zu erregen. Bei den Jungen wirkt die Prestigeskala der Virilität, bei den Mädchen die von Anmut und Schönheit. Das ist, wenn man in der Gruppe der Gleichaltrigen etwas gelten will, gar nicht so einfach: Die Jungen dürfen nicht schwach oder bloß angeberisch, die Mädchen nicht schamlos oder bloß eingebildet erscheinen.

Die pädagogischen Institutionen haben aber keinen Sinn für den physischen Charme der Heranwachsenden. Sie müssen dementieren, was für alle zu sehen ist, weil das nichts mit Unabhängigkeit und Leistung, nichts mit der Anerkennung gleicher Rechte und der Übernahme spezifischer Verpflichtungen zu tun hat. Der Körper bringt dagegen ein archaisches Recht zur Geltung, das unter zivilisatorischen Hinsichten von der Schule nicht hingenommen werden kann. Außerdem passt die ganze Körpermythologie nicht zum pädagogischen Leitbild der modernen Wissens- und Dienstleistungsgesellschaft. Die heranwachsenden Füchse wissen ganz genau, dass die Schule Dienstleistungsgeschmeidigkeit und Bildungsbeflissenheit im Dienste eines entgrenzten Könnens hervorbringen soll. Dagegen setzen sie das instinktive Wissen ihres Körpers, das, mit Paul Cézanne gesprochen, dem Duft der Dinge folgt.

Dieses körperliche Wissen zeigt sich in einer Schlauheit, die sich der Ordnung des Zufalls verdankt. Das Ergreifen von Gelegenheiten ist wichtiger als das Durchdenken von Plänen und das Verfolgen von Strategien. Deshalb geht so viel von dem Wissen, das die Schule anzubieten hat, an ihnen vorbei. Es fehlt das Gefühl für den entscheidenden Augenblick, wo ein falscher Blick oder kurzes Schubsen einen Kampf ohne Rücksicht auf Verluste in Gang setzen kann; es fehlen die Operationen der Abstandsnahme, die einem sagen, wann man zu weit weg oder zu nah dran ist; es fehlt die Bereitschaft, sich etwas Großes vorzustellen. Das alles hat mit der ganz und gar nervlichen Fähigkeit zu tun, Witterung aufzunehmen, die Angst des Gegenübers zu riechen und die ganze Kraft auf einen Punkt zu konzentrieren. Darin ist der hungrige Fuchs den satten Löwen überlegen.

Allerdings kommen die Typen des Gelegenheitssinns in der Schule in der aktiven wie in der passiven Variante vor: Es gibt die Virtuosen der Gerissenheit, die immer auf der Hut sind und nichts verpassen wollen. Sie arbeiten mit ihrer Unwiderstehlichkeit, sind aber im Zweifelsfall völlig treulos. Sie geben sich großzügig, fordern am Ende aber immer ihren Teil. Daneben stehen die Typen des Phlegmas, die die Anstrengung meiden und den Vergnügungen erliegen. Sie tun nichts, aber warten auf ihre Gelegenheit. Sie sind zu allen Schandtaten bereit, ergreifen jedoch nie die Initiative. Während der Gerissene die anderen zurückstößt, kommt der Phlegmatiker ohne die anderen nicht aus.

Für den geborenen Fuchs hat die Schule nichts zu bieten. Im besten Fall begreift er sie als Pflicht, der man Genüge tun muss, bis das richtige Leben beginnt. Die Antwort auf die Frage, wozu die Schule gut ist, lautet dementsprechend: Schule ist ein Ort, wo man sich mit Freunden trifft und die Zeit absitzt, bis sie hinter einem liegt. Weil die Füchse von Anfang an das Gefühl haben, dass sie im Bildungssystem der Löwen doch nur das Nachsehen haben und sich auch nach redlichstem Bemühen mit einem Platz in der hinteren Reihe werden zufriedengeben müssen, warten sie ihr gesamtes Schulleben darauf, die Leistungssphäre zu wechseln: Von der auslesenden Anstalt der Bildung in die freie Konkurrenz der Wirtschaft. Das ist der Grund, warum die Träume von einem anderen Ich mit Geschäftemachen, Handeltreiben und Geldverdienen zu tun haben. Die Übergänge zwischen legalen und illegalen Geschäften werden dabei als fließend angesehen. Wichtig ist der Wunsch, etwas machen, bewirken oder reißen zu können. Es geht um die Ermächtigung des Selbst. Die Psychologen sprechen in diesem Zusammenhang vom Erleben von Selbstwirksamkeit, die Ökonomen von der Erfahrung von *agency*. Hier heiligt der Zweck die Mittel: Ob man Geschäfte mit Pinienkernen oder mit Kokain macht, ist im Prinzip gleichgültig. Die Käufer können sogar dieselben sein. Für die Art und Weise, wie man diese Dinge unter die Leute bringt, wird aus »zweisprachigem Analphabetismus« eine »doppelte Sprachbeherrschung«. Schneller Wechsel, ironische Überspielung und plötzliches Reagieren sind gefragt. Auf dem Markt herrscht anders als in der Schule die *fuzzy logic* des vibrierenden Alltags, in dem man mit sauberen Unterscheidungen und klaren Aufteilungen nicht weiterkommt.

Man glaubt also gar nicht daran, dass schulische Zertifikate die Lizenz auf eine Statusposition vergeben, man ist vielmehr davon überzeugt, dass das freie wirtschaftliche Erfolgsstreben den elenden Vorlauf von rationierten Erfolgsgrößen außer Kraft setzt. Für die Füchse tobt der eigentliche Gesellschaftskampf außerhalb der Enklaven der verschulten Existenz. Endlich lohnt es sich, schlau, schnell und gerissen zu sein, endlich wird der Zusammenhang zwischen eigenem Tun und Erfolg sichtbar. Das gesuchte Erfolgserlebnis soll absolut, spektakulär und durchschlagend sein.

Von daher ist der Gedanke des »Unterschichtjungen mit Migrationshintergrund in den Ballungszentren«, lieber im Handyladen des Onkels anzufangen als noch einen mittleren Schulabschluss zu erwerben, nicht Anzeichen von Statusfatalität, sondern Ausdruck eines auf die Wirtschaft gerichteten Erfolgsmotivs. Man sucht seine Chancen in einem Bereich, von dem man annimmt, dass er nicht bereits durch herrschende Schichten besetzt und verbarrikadiert ist. Anstatt in einer Bildungssackgasse zu landen, soll das Geschäft des Onkels als Sprungbrett dienen.

Auch den fitten bildungsbestrebten Schwestern dieser Jungen liegt das Geschäftsleben nicht fern. Sie treten aber nicht beim Onkel ein, sondern übernehmen gleich den Laden. Im migrantischen Kleingewerbe ist die Führerschaft der freundlichen, aufmerksamen und mitrechnenden jungen Frauen nicht zu übersehen. Zudem ist der Schritt in die Selbständigkeit nach den Beobachtungen von Migrantenorganisationen[2] ein verbreitetes Verhalten kopftuchtragender Akademikerinnen. Viele, so heißt es, werden ihr eigner Chef, übernehmen Arzt- oder gründen Rechtsanwaltspraxen oder machen ein Fitnessstudio für Frauen auf.

Es sind in kapitalistischen Gesellschaften gerade die Außenseiter, die an den Etablierten vorbei ins Kleingewerbe, in den Handel oder in die Bauindustrie streben, weil sie sich dort Erfolgschancen versprechen, die sie als angelernte Arbeitskräfte und abhängig Beschäftigte nie hätten. Der in Geldsummen repräsentierbare Wirtschaftserfolg beweist, dass man als einzelner Fuchs das ständische Gesetz der Löwen durchbrechen kann. Man muss nur die Garantie von Erwartbarkeit und Sekurität durch die Lust an der Unsicherheit und das Wagnis des Erfolgs ersetzen.

Besonders die in Handel und Gewerbe aktiv werdenden Füchse mit Migationsgeschichte bringen zu Bewusstsein, dass im Wohlfahrtsstaatskapitalismus zwei Wege zu Ansehen, Macht und Geld führen: Das Bildungssystem und der Markt. Es ist keine Frage, dass Bildungsbeteiligung und Aufstiegsbewegung sich wechselseitig stimulieren. Das Abitur bestärkt eine Person eher, sozial aufzusteigen und beruflich voranzukommen, als der Hauptschulabschluss. Gleichwohl lässt sich für die entwickelten Länder des OECD-Raums nicht belegen, dass höhere Bildungsabschlüsse auch höheres Wirtschaftswachstum mit sich bringen.[3] Der Drive einer Gesellschaft kommt nicht allein aus dem Bildungssystem. Es braucht den massenhaften Glauben an die Chance »unternehmerischer« Aufstiege durch individuellen Erfolg am Markt.[4] Und dieser Glaube hat noch andere Gründe als die erfolgreiche Absolvierung eines höheren Bildungsgangs.

Im Gegenteil: Wenn eine Gesellschaft glaubt, dass gesellschaftlicher Status maßgeblich übers Bildungssystem zuerkannt wird, dann kommt die gesellschaftliche Dynamik zum Erliegen. Nichts ist ungünstiger und unangenehmer für den Bewegungscharakter einer Gesellschaft als die

Herrschaft gebildeter Rentiers. Nicht durch Selbstbespiegelung und Versenkung, sondern durch Selbstbeweis und Wirkungswille bleibt eine Gesellschaft in Bewegung.

In einer offenen Gesellschaft werden Lebenschancen nicht durch eine oberste Behörde vergeben, die peinlichst genau darauf achtet, wem aufgrund welcher Leistungserbringungen was zusteht. Es gibt keine Instanz, die aus Erwägungen sozialer Gerechtigkeit objektiv Benachteiligte phasenweise privilegieren und objektiv Bevorteilte phasenweise entprivilegieren könnte. Jedenfalls bedeutete das die vollendete Herrschaft der Löwen, die die Füchse in die Katakomben treiben würde. Zum Glück für die Füchse gibt es den Markt, der nicht Leistung, sondern Erfolg prämiert.

Über den Markt haben verrückte Studienabbrecher mit Produktideen wie dem PC oder einem sozialen Netzwerk die Welt verändert, über den Markt kann ein Metzgermeister aus einer schwäbischen Kleinstadt innerhalb von zwanzig Jahren das größte Drogeriemarktunternehmen Europas aufbauen, über den Markt hat sich ein migrantischer Mittelstand von deutschen Geschäftsleuten mit türkischen Wurzeln gebildet, die nicht nur Flugreisen für ihre »Abstammungsgemeinschaft«, sondern Software, Pflegedienste und Autozubehör verkaufen und nach Angaben der türkisch-deutschen Industrie- und Handelskammer in Deutschland rund 400 000 Mitarbeiter beschäftigen. Davon träumen viele ausbildungsmüde Jungmänner, die auf den Real-, Sekundar- und Hauptschulen den Lehrerinnen und Lehrern das Leben schwermachen: Dass sie mit Schlauheit, Gerissenheit und Ausdauer auf

irgendeinem Markt Geschäfte machen, schönes Geld verdienen, groß rauskommen und so als mobile Füchse den
zu Statuen erstarrten Löwen das Wasser abgraben.

7. Das teuflische Gut

Bildung ist ein teuflisches Gut. In dem Maße, wie sein Bedarf wächst, sinkt sein Wert. Das ist ein paradoxer Zusammenhang, wenn man sich vor Augen führt, dass überall »Bildung, Bildung, Bildung« gerufen wird, wenn es um den sozialen Zusammenhalt, die kulturelle Lebendigkeit oder die wirtschaftliche Konkurrenzfähigkeit geht. Sogar in Bezug auf die Gesundheit der Bevölkerung oder das Glücksgefühl der Menschen wird die Abhängigkeit vom Bildungsgrad herausgestellt.

Aber schon ein einfaches Gedankenexperiment belegt, dass mit der Ausweitung der Bildungsbeteiligung der Bevölkerung die Bildungsrendite für den einzelnen zurückgeht. Nehmen wir an, wir würden in Deutschland die Abiturquote eines Jahrgangs so wie in den skandinavischen Ländern von heute 40 auf 60 oder gar 90 Prozent heben, dann wäre das Abitur nicht mehr so viel wert wie heute: jedenfalls nicht in den Augen der einstellenden Behörden, Unternehmen und Betriebe. Mit Recht könnte der Klempnermeister, der sich als Partner für Haustechnik anbietet, auf die wachsenden technischen Anforderungen bei der Installation einer Heizungsanlage und der Tischlermeister, der sich als Lebensraumgestalter versteht, auf die wachsenden Kundenansprüche bei der Planung einer

Flurzeile verweisen, die mindestens ein Abitur, wenn nicht einen Fachhochschulabschluss verlangen, obwohl die Handwerksmeister, die so denken, selbst lediglich über einen Hauptschulabschluss verfügen. Das Mädchen oder der Junge mit handwerklichem Geschick, aber schlechtem Notendurchschnitt kämen dann gar nicht mehr zum Zuge. Allenfalls eine schulpsychologisch festgestellte adoleszenzbedingte Störung in der Geschlechterrollenidentifikation könnte als Grund für eine Ausnahme herhalten.

Der Effekt der erweiterten Versorgung mit besserer Bildung besteht darin, dass es dort, wo die Aspiranten für eine attraktive Statusposition versammelt sind, enger wird und so mancher in der Massierung des Aufstiegsgeschiebes keine Luft mehr bekommt. Denjenigen, die von der Bildungsexpansion mitgenommen werden, wird immer weniger klar, was ein Bildungstitel zählt. Man braucht ihn als Voraussetzung, um überhaupt Berücksichtigung zu finden, aber selbst ein spezialisierter Hochschulabschluss garantiert keine qualifikationsadäquate Beschäftigung. Die Aussage der universitären Bildungstitel ist in der Tat zwiespältig: Sie sollen einerseits einer speziellen Berufspraxis entsprechen und andererseits generelle Schlüsselqualifikationen ausweisen. Daher blüht der Markt für Zusatzqualifikationen, die die für Führung, Kooperation oder Kommunikation notwendigen *soft skills* in Aussicht stellen. Aber was bei einem Einstellungsgespräch am Ende zählt, kann niemand vorhersagen. Von einem erfahrenden Coach ist nur der ernüchternde Schlüsselsatz zu hören: »Im Zweifelsfall verhalten Sie sich natürlich!«

Wer allerdings gar nicht erst in den überfüllten Raum mit den qualifizierten Bewerbern und Bewerberinnen vordringt, der muss draußen warten. Junge Menschen mit unterwertigen oder gar fehlenden Abschlüssen gelten als Bildungsverlierer, die im Bildungssystem hin und her geschoben werden. Man kann die Sachlage sehr unmissverständlich auf den Punkt bringen: Was soll, wenn die Abiturquote bei 60 oder 90 Prozent liegt, aus den restlichen 40 oder 10 Prozent, die kein Abitur vorweisen können, in einer »modernen Dienstleistungsgesellschaft« werden? Denen bleibt aus Gründen der Selbstachtung eigentlich nur Distanz und Demontage.

Diese Prozesse zertifikatsbezogener Sortierung finden unabhängig von den tatsächlichen Verhältnissen auf den Arbeitsmärkten statt. Auch wenn die Nachfrage nach kompetenter Arbeitskraft steigt und das Fehlen höherqualifizierter *menpower* beklagt wird, schlägt sich der individuelle Vorteilsverlust durch allgemeinen Vorteilsgewinn als Entwertungserlebnis nieder.

So falsch ist der Eindruck auch gar nicht, weil bei gleicher Qualifikation im Falle der Einstellung oft andere, nicht zertifizierte Eigenschaften den Ausschlag geben. Sicheres Auftreten und gewinnende Ausstrahlung werden dann als Argumente für eine Entscheidung aus dem Bauch genannt. Wohinter sich für den soziologischen Blick freilich bestimmte herkunftsbedingte Vorteile verbergen, die die Vertrautheit mit Umgangsformen und die Fähigkeit zum, wie Erving Goffman das genannt hat, *impression management* betreffen. Weil so viele einen glänzenden Abschluss und einen beeindruckenden Lebenslauf mit polyglottem Flair vorweisen können, drängt sich im Zweifelsfall die Person in den Vordergrund. Das ist der Grund dafür, dass trotz erweiterter Bildungsbeteiligung der Herkunftsfaktor womöglich noch stärker zuschlägt.

Fred Hirsch hat in seinem Klassiker aus den 1970er Jahren über die »sozialen Grenzen des Wachstums«[1] diese paradoxen Zusammenhänge einer Analyse in der Tradition der politischen Ökonomie unterzogen. Das Buch widmet sich der Frage, wie die einem magischen Konsumbegriff verpflichtete Wachstumsgesellschaft Bedürfnisse erzeugt, die sie nie befriedigen kann. Bildung spielt dabei eine entscheidende Rolle. Bildung wird Hirsch zufolge zu einem hervorstechenden Positionsgut in den verschärften gesellschaftlichen Prestigekämpfen. Positionsgüter beziehen sich auf das Begehren nach Wertschätzung, Einfluss und Rang und beinhalten alle Eigenschaften von Gütern, Dienstleistungen und Berufspositionen, die entweder von vorneherein knapp sind oder durch ihren Gebrauch und ihre Verwendung knapp werden. Wenn Napoleon seinen Soldaten vorschwärmte, dass jeder Gefreite den Marschallstab im Tornister trage, so war damit doch zugleich gesagt, dass unmöglich jeder – im Unterschied zu jedem einzelnen – Gefreite den Rang eines Marschalls erreichen konnte. Anders liegen die Dinge, wenn ein von allen erstrebtes Gut durch seine Erreichbarkeit für jeden an Wert verliert. Das ist die Exklusivitätsfalle, in der sich besonders die Bildungsbeflissenen verfangen. Positionsgüter verschaffen komparative Vorteile durch ihre relative soziale Ausschließlichkeit. Es ist das Prinzip der Sache, dass sie nur von wenigen, niemals jedoch von allen besessen werden kann. Darin steckt der Wahnsinn eines Entwertungs- und Überbietungswettbewerbs. Höhere Qualifikationen für den einen bedeuten unweigerlich niedrige Qualifikationen für einen anderen. Das ist der perverse Effekt der Inflation von Bildungszertifikaten durch Bildungsexpansionen.

Wenn das durchschnittliche Bildungsniveau der Erwerbstätigen steigt, erfahren all jene einen Abzug, denen bestimmte Qualifikationen fehlen, während die Prämie für deren Besitz geschmälert wird. Die Schlange wird verlängert und die Hindernisse werden zugleich erhöht. Die einzelnen werden zu zusätzlichen Investitionen aufgefordert, die sich freilich nie in dem Ausmaße lohnen, wie für sie geworben wird. Aufs Ganze gesehen führt das dazu, dass aufgrund der Anhebung der allgemeinen Bildungsvoraussetzungen für die Teilnehmer am Bildungswettbewerb lediglich die individuellen Bildungsausgaben steigen, ohne dass deshalb unbedingt die gesellschaftliche Produktivität durch Bildungsinvestitionen wächst. Wenn im Stadion alle aufstehen, um eine bessere Sicht zu haben, sieht niemand besser, als wenn alle sitzen bleiben.

Kenneth J. Arrow hat 1973 in einem klassisch gewordenen Aufsatz[2] der Theorie des Humankapitals die hinterlistige Frage vorgelegt, wie deren Vertreter überhaupt darauf kämen, dass es eine Korrelation zwischen einem Zertifikat und einer Qualifikation geben würde. Jedenfalls ließen die ihm seinerzeit vorliegenden Daten nur einen sehr schwachen Zusammenhang erkennen. Dem starren Blick auf den Abschluss sind allerdings, unterstützt von einer einschlägigen Literatur und Berichterstattung, zuerst die Eltern und dann auch die Kinder in unseren Mittelklassen erlegen und verwickeln sich daher in ziemlich verlustreiche, aber aussichtslose Positionskämpfe. Die beginnen im Klassenzimmer, wenn es um die Übergangsnoten beim Wechsel des Bildungsgangs oder um den Notendurchschnitt beim Abitur geht, und setzen sich in den endlosen Zweit- und Zusatzausbildungen nach dem Erwerb eines Hochschulabschlusses in der »Generation Praktikum« fort.

Es hängt mit der Macht relativer Depravierung zusammen, dass sich die Spirale der wechselseitigen Vorteilsgewinnung immer höherschraubt. Wenn man mitbekommt, dass Kinder aus dem Bekanntenkreis auf eine Privatschule geschickt werden, gerät man ganz unabhängig, wie zufrieden man mit der Schule seiner Kinder ist, ins Grübeln. Fragen, ob Latein als zweite Fremdsprache nicht doch besser als Französisch ist, ob Judokurse der Konzentration aufs Wesentliche nicht doch förderlicher sind als das Handballspiel oder ob ein Sommercamp in Palästina für die Entwicklung von sozialem Engagement nicht doch besser geeignet ist als eine Studienfahrt zu den Vernichtungslagern nach Polen, lösen innere Unruhe aus. Es beschäftigt die Menschen nicht, was ihnen absolut fehlt, sondern in erster Linie, ob sie im Vergleich mit anderen, die sie kennen und mit denen sie zu tun haben, in einer für wichtig gehaltenen Hinsicht zu kurz kommen. Es ist nicht der Neid, der die Menschen martert, sondern einfach nur die soziale Angst, nicht mithalten zu können, den Anschluss zu verlieren und am Ende als die Dummen dazustehen. Und das auf Kosten der eigenen Kinder.

Robert H. Frank[3] kann mit Hilfe des Konzepts der sozialen Depravierung erklären, warum sich in den USA gerade die Aufsteiger in die Mittelklasse auf diese irrsinnigen Bieterwettbewerbe für Häuser in »sicheren Nachbarschaften mit besseren Schulen« eingelassen haben und warum sie sich auf diese Weise mit dem besten Willen und den lautersten Absichten in den Ruin getrieben haben. Hier liegt eine der sozialen Ursachen für die *subprime crisis*, die die weltweit schwerste Wirtschaftskrise nach 1945 hervorgerufen hat. Nach der Analyse von Katherine S. Newman und Victor Tan Chen[4] war es gerade die *missing class* von aufstiegsbestrebten Amerikanern, die nicht mehr *working poor*, aber noch nicht solide *middle class* war, die sich im Dienste der Zukunft ihrer Kinder für horrende Summen verschuldet haben. Sie haben sich so verhalten, wie man es sich für unterprivilegierte Gruppen erhofft, die nach oben kommen wollen, und hätten damit um ein Haar alles in den Abgrund gerissen.

Gibt es eine Lösung für diesen selbstdestruktiven Zirkel in den Mitteklassen? Es braucht offenbar eine sorgende Instanz, die diese Nöte anerkennt, ohne sich ihnen auszuliefern. Das ist klassischerweise die Aufgabe eines öffentlichen Schul- und Bildungssystems, das insofern Bildung für alle ermöglicht, als es die Förderung benachteiligter Gruppen nicht um den Preis der Einschränkung Privilegierter ins Werk setzt. Für die heutigen Mittelklassen scheint diese Ausgleichslogik nicht mehr zu funktionieren. Sie haben vielmehr die Eindruck, dass sie zu den Sündenböcken der gegenwärtigen Misere erklärt werden, denen beschieden wird, das sie das Nullsummenspiel hinzunehmen hätten, dass die Vorteile für andere zugleich Nachteile für sie selbst bedeuten. Aus diesem Grunde schützt das unter politischen Veränderungsdruck gesetzte öffentliche Bildungssystem die nervösen Aufsteigerfraktionen der Mittelklassen nicht länger vor ruinösen Positionskämpfen, sondern es stachelt diese im Gegenteil noch an. Die bildungsbestrebten Gruppen in der Mitte unserer Gesellschaft sehen sich vielfach als Manövriermasse einer Bildungspolitik, die Bildungsarmut bekämpft, indem sie Bildungsreichtum denunziert.

8. Die derangierte Institution

Nicht erst seit den nunmehr zehn Jahren laufenden PISA-Untersuchungen stehen die Lehrerinnen und Lehrer in Deutschland unter verschärfter öffentlicher Beobachtung. Sie gelten als faul, schlecht angezogen und mental ausgebrannt; sie beschweren sich darüber, gesellschaftlich nicht genug anerkannt zu sein, kaschieren, dass sie selbst nur mittelmäßige Schüler waren, und sind vor allem auf Sicherheit und Versorgtheit im Beamtenstatus bedacht.[1] Schließlich sind die Lehrerinnen und Lehrer von heute nach allgemeiner Ansicht im Durchschnitt viel zu alt.

Vorurteile dieser Art kommen sogar in der Forschung vor. Eine Studienanfängerbefragung des durchaus angesehenen Hochschul-Informations-Systems vom März 2009 hat erbracht, dass Lehramtsstudierende im Vergleich zu Studenten anderer Studienfächer bei der Frage nach Berufswünschen und Lebenszielen deutlich seltener angaben, eine anerkannte Fachfrau oder ein anerkannter Fachmann werden und in fachlicher Hinsicht Überdurchschnittliches leisten zu wollen. Dagegen lag der Anteil der Befragten, die sich wünschten, viel Freizeit zu haben, mit 41 Prozent über dem durchschnittlichen Wert von 33 Prozent insgesamt.

Man könnte daraus den Schluss ziehen, dass es sich bei

den Lehramtsstudierenden um eine Negativselektion unter den Studierenden handelt, bei denen die Aussicht auf hohe Sicherheit und viel Freizeit im Beruf wichtiger genommen wird als die Herausforderung der Sache und die Bereitschaft zur Anstrengung. Die Begabten und Mutigen werden Ingenieure und Rechtsanwältinnen, die Unlustigen und Ängstlichen dagegen Lehrerinnen und Lehrer. Während die einen im Beruf ihre Frau und ihren Mann stehen wollen, verstecken sich die anderen hinter sozialen Motiven und persönlicher Unbedarftheit. Sollten also die weniger begabten, weniger leistungsbereiten, weniger zupackenden Abiturienten sich in den Lehrberuf retten und dafür auch noch mit einem Akademikereinkommen von, wenn man das Lebenseinkommen in Betracht zieht, überdurchschnittlichem Niveau belohnt werden? Das würde die mangelnde Leistungsfähigkeit wie die notorische Beleidigtheit des Lehrpersonals in Deutschland erklären.

Zu ganz anderen Ergebnissen kommen Forschungen aus dem Berliner Max-Planck-Institut für Bildungsforschung über den Zusammenhang zwischen der fachlichen Kompetenz von Lehrkräften, der Qualität des Unterrichts und dem Leistungsfortschritt von Schülerinnen und Schülern am Beispiel des Mathematikunterrichts.[2] Sie belegen, dass die Güte des Unterrichts, also im Kern die berufliche Leistung, gar nicht so viel mit den Eingangsvoraussetzungen der Lehrkräfte bei deren Studienbeginn zu tun hat. Lehramtsstudierende fallen nicht dadurch auf, dass sie leistungsschwächer, beruflich uninteressierter oder gar persönlich belasteter sind als Studierende anderer

Fächer. Hier zeigt sich vielmehr die überragende Bedeutung des fachdidaktischen Könnens, das im Studium erworben worden ist. Natürlich braucht es ein grundsätzliches mathematisches Verständnis, aber der Unterricht von mathematischen Talenten ist nicht unbedingt besser als der von mathematisch durchschnittlich begabten Lehrpersonen. Es kommt auf die Art und Weise der Unterrichtsgestaltung an, also auf die Bereitschaft zum Methodenwechsel, auf die Fähigkeit, auf das Fließgeschehen der Unterrichtssituation flexibel reagieren zu können, und natürlich auf die Freude am Unterrichten selbst, jedenfalls wenn man die Lernatmosphäre in der Klasse und den Lernfortschritt der Kinder und Heranwachsenden im Blick hat.

Das, was man professionelle Kompetenz nennt[3], stellt sich als ein innerer Zusammenhang von erlernbarem didaktischem Wissen, von erworbenen beruflichen Überzeugungen, aber auch von relativ stabil ausgebildeten Motivlagen sowie von Fähigkeiten zur persönlichen Selbstregulation der einzelnen Lehrkraft dar. Dies zusammengenommen ermöglicht eine qualitätsvolle Unterrichtsgestaltung, engagiertes Handeln im Kollegium und gute Kontakte zu den Eltern, was wiederum einen positiven Einfluss auf den Lernerfolg und die Lernmotivation der Schülerinnen und Schüler hat. Genaugenommen spielt dann die Entscheidung zum Beruf doch wieder eine Rolle. Was zählt, ist die Lust am Unterrichten, nicht der fachliche Ehrgeiz oder der Wille zum beruflichen Vorankommen.

Trotzdem sind die empfundenen Belastungen im Lehrberuf nicht zu übersehen. Als Belege können das erhöhte Risiko von Belastungserkrankungen (»Burnout«) und das massenhafte Aufkommen von Frühpensionierungen dienen.[4] Es sind so viele Lehrerinnen und Lehrer derartig unglücklich in ihrem Beruf, dass sie nur müde abwinken, wenn man ihnen von den Ergebnissen der intensiven Forschungen zum Erwerb professioneller Kompetenz berichtet. Sie führen Klage darüber, dass sie von der durch PISA angestoßenen Bildungsforschung und von der sich darauf beziehenden Bildungspolitik sehr widersprüchlich bedacht werden: Auf der einen Seite werden sie als die wesentlichen Träger des Bildungsgeschehens in den Himmel gehoben, ohne die alle Veränderungen und Verbesserungen des Bildungssystems ins Leere laufen, und auf der anderen Seite kommen sie in den Szenarien der Bildungsreform als die entscheidenden Akteure vor, die mit ihren herkunftsbedingten Urteilen problematische Selektionen vornehmen und mit ihren verengten Laufbahnempfehlungen ungerechte Benachteiligungen exekutieren. Wer steht denn an der Front und muss den Kopf hinhalten, wenn G8 zum enormen Stress für die Heranwachsenden wird, wenn die Einführung von Sekundarschulen sich als Desaster entpuppt, wenn der jahrgangsübergreifende Unterricht sich für die Stufen vier, fünf und sechs aufgrund der entwicklungspsychologischen Asymmetrien als undurchführbar erweist oder wenn die Nachmittagsaktivität in den Ganztagsschulen sich als bloße Betreuung darstellt? Nicht die Wissenschaft, die sich das alles ausgedacht hat, nicht die Bildungsverwaltungen, die das alles diktieren, und nicht die Bildungspolitiker, die das alles verkünden. Am Ende werden die Lehrerinnen und Lehrer von den Schülern, von den Eltern und von der Öffentlichkeit zur Verantwortung gezogen. Sie sind an allem schuld und sollen doch alles richten.

Solch undurchsichtige Ambivalenz in der Thematisierung der Rolle der Lehrkraft, wie der geschlechtsneutrale Ausdruck lautet, ist nicht neu. Sie rührt, wie Theodor W. Adorno 1965 in einem auf Einladung seines Freundes Hellmut Becker am seinerzeitigen Institut für Bildungsforschung in Berlin gehaltenen Vortrag ausgeführt hat[5], vielmehr von archaischen Tabus über den Lehrberuf her. Gemeint sind hier psychische Verbote, in denen ein unbewusstes Erbe fortwirkt. Das beginnt schon mit der Gebrochenheit der Rangzumessung. So wie der Arzt für die Gesundheit, der Rechtsanwalt für das Recht ist der Lehrer, um zunächst bei seiner männlichen Form bleiben, für die Bildung zuständig. Aber im Unterschied zu den freien Berufen hat er nicht mit Betroffenen zu tun, die aus freien Stücken kommen und gehen, sondern mit Schutzbefohlenen, die sich ihn nicht aussuchen können. Gegen diesen mit der Schule einfach gesetzten Zwang, gegen den weder das Kinder- noch das Elternrecht etwas auszurichten vermag, steigt unweigerlich ein tiefer Groll auf. Außerdem muss der Lehrer sich nicht wie der Arzt und der Anwalt am, zugegeben reglementierten Markt bewähren, sondern kann als Festangestellter mit Pensionsberechtigung an der Biegung des Flusses sitzen und die Leichen seiner Feinde an sich vorüberschwimmen lassen. Schließlich gehört das Lehramtsstudium nicht gerade zu den eleganten Fächern. Wer sich bei einer Abendeinladung als

Lehrerin oder Lehrer zu erkennen gibt, wird nicht so schnell mit interessierter Aufmerksamkeit rechnen können. Der Lehrberuf besitzt verglichen mit dem des Juristen oder des Mediziners ein gewisses Aroma des Nervigen und Unfrohen. Mit Geschichten über unerträglichen Stress und ersehnte Sabbaticals will man in geselliger Runde für gewöhnlich nicht behelligt werden.

Warum, so muss man fragen, reagieren wir so abschätzig auf einen Berufsstand, dem wir unsere Kinder in die Hände geben? Die überraschende Antwort von Adorno lautet, dass wir dem Lehrer die Macht verübeln, die wir an ihm bewundern. Das große Thema der Schule ist die Konfrontation des von Wünschen bewegten Kindes mit dem schneidenden Gesetz der Gesellschaft. Es gibt auf der einen Seite die vielgestaltige Selbsttätigkeit und die sukzessive Eigenkonstruktivität des sich selbst bildenden Ichs und auf der anderen die Erfolgskriterien und Leistungsspiegel der Gesellschaft. Dazwischen entsteht eine Spannung, die die Lehrperson setzt, vermittelt und verkörpert. Auch der Lernbegleiter und die Bildungspilotin kommen nicht umhin, Übertragungsobjekt und Identifikationsfigur zu sein, die für die Heranwachsenden zum Ausdruck bringen, wie man zurechtkommen kann, wenn der direkte Weg versperrt ist, wenn nicht alles gelingt oder wenn ein Rest bleibt. Unterrichten bedeutet daher Kanalisieren, Strukturieren und Sublimieren und stellt damit das Ich in die Grundordnungen unseres Zusammenlebens. Es braucht dazu Phasen der Stärkung, der Begeisterung und der Abkühlung sowie Gelegenheiten zur stillen Konzentration und zum freudigen Wettbewerb. Zusammengehalten wird das Unterrichtsgeschehen durch die Lehrperson, die übersieht, was die Kinder gar nicht übersehen können. So geschieht Bildung durch Bindung.

Das kann freilich nicht darüber hinwegtäuschen, dass die Konfrontation mit den ärgerlichen Tatsachen der Gesellschaft immer ein Ereignis der Macht darstellt. Die Psychoanalyse hat dafür die starke Metapher der Kastration bemüht, um das Erlebnis des Ungenügens, der Unfertigkeit und der Unreife auf der Seite der Traktierten deutlich zu machen. Der Lehrer markiert eine Differenz, an der das Kind wächst, an der es aber auch scheitern kann; die Lehrerin beansprucht einen Vorsprung, den der Heranwachsende verringern, den er aber nie einholen kann. Das ist das Betrügerische an jeder didaktischen Aufbereitung eines Stoffs. Durch die Zuschneidung auf einen Rezipienten wird ein Entgegenkommen signalisiert, das immer eine Entfernung impliziert. Nicht nur geben die Lehrkräfte etwas bereits Etabliertes wieder, sie tun auch noch so, als hätten sie die überlegene Verfügung über ein Wissen, das sie sich in Wahrheit doch nur geliehen haben. Adorno sieht darin das Problem der immanenten Unwahrheit jeder Pädagogik.

Dass dieser Machtanspruch notwendig, aber nur angemaßt ist, verübeln wir der Lehrerin und dem Lehrer. Wir kennen die magische Wirkung der Lehrperson aus eigener Erfahrung, können jedoch nicht darüber hinwegsehen, dass sie allein von der großen Rolle kommt, hinter der sich womöglich eine kleine Person versteckt. Die auf den Bezirk der Schule beschränkte Macht des Lehrers ist für uns eine parodierte, keine wirkliche Macht, weil die Verführung so einfach ist, die Drohung so direkt wirkt und die Einflussnahme sich so ohne Puffer und Dämpfer niederschlägt. Was auch immer wir über didaktische Konzepte und methodische Varianten hören, die disziplinäre Funktion der Lehrerrolle bleibt der Stein des Anstoßes. Man kommt nicht los vom Bild des Stärkeren, der den Schwächeren dominiert.

Man weiß es und will es doch nicht wissen: Es ist das Gesetz der Schule, dass die Zivilisierung dem Heranwachsenden angetan wird und die Versagungen der Schülerin und dem Schüler zugemutet werden. Die Kinder mobilisieren zwar Abwehrkräfte und halten sich fest an Vorstellungen von fairer Beurteilung und achtsamer Berücksichtigung. Aber die unverstümmelte Person, die die Kinder erwarten, ist der Lehrer nicht. Es ist sein Beruf, so zu tun, als ob er die ganze Person des Kindes im Blick habe, und er wird dafür bezahlt, dass er sich als Bezugsobjekt für all die kindlichen Wünsche nach Größe, Gelingen und Genügen zur Verfügung stellt. Nur beruht das alles auf einer gezielten Täuschung, die von Anfang an auf Enttäuschung angelegt ist.

Dafür trifft den Lehrberuf unsere spontane Geringschätzung. Deshalb lassen sich die herablassenden Ausdrücke für diese einflussreiche Tätigkeit nicht aus der Welt schaffen. Ob beim liebenswerten Pauker oder bei der fräuleinhaften Studienrätin – die ironische Herablassung zielt immer auf die verborgene Infantilität hinter der Maske der notengebenden Respektsperson. Das gilt sogar für die Extremfälle des prügelnden Schwächlings oder des sexuell bedürftigen Missbrauchtäters.

Man räumt großzügig ein, dass der Lehrberuf wegen der ablenkenden Medien, der intervenierenden Eltern und der verworrenen Familienverhältnisse nicht einfacher geworden sei, fühlt sich aber selbst zu gut dazu, sich Tag für Tag einer Gruppe von Kindern auszusetzen, die in den Eigenheiten, Manierismen und Verstiegenheiten der Lehrperson die Übertreibungen erkennen, die ihnen in der Schule ausgetrieben werden sollen. Man delegiert also an die Lehrkraft, was die komplexe Gesellschaft vom kindlichen Ich verlangt, und führt zugleich Beschwerde darüber, dass diese auch tut, was sie tun soll.

Wie soll ich mich verhalten, wenn so verdammt Widersprüchliches von mir erwartet wird? Es ist für den einzelnen Lehrer und die einzelne Lehrerin deshalb so verzweifelt schwer, weil ihr Beruf ihnen die in den meisten anderen Berufen mögliche Trennung von beruflicher Rolle und persönlichem Affekt verwehrt. Der Lehrer und die Lehrerin haben keinen Kittel wie der Arzt und keinen Schreibtisch wie der Rechtsanwalt, hinter die sie sich zurückziehen und als Person unkenntlich machen könnten. Die Lehrkraft kann ihre Rolle nur spielen, wenn sie sich als ganze Person in das schulische Geschehen einbringt. Man muss sich als Person jeden Tag neu exponieren, darf jedoch nichts persönlich nehmen.

Diese in der objektiven Situation des Lehrberufs liegende Doppelbindung nimmt heute durch eine verwegene institutionelle Botschaft der Schule eine geradezu tragische Form an: Das ist die Botschaft vom Anrecht eines jeden Kindes auf individuelle Förderung. So richtig diese Forderung angesichts der wachsenden Heterogenität und

Disparität der Eingangsvoraussetzungen bei den Kindern ist, so verwickelt sind die Folgen für die Rolle der Lehrkraft im Sozialisationsauftrag der Schule.

Die Schule unterscheidet sich dadurch von der Familie, dass sie das Kind eben nicht als ganze Person anspricht, sondern unter einem bestimmten Aspekt zur Geltung bringt. Einzigartigkeit gewinnt die kindliche Person in der Schule nicht durch ihr bloßes Dasein, das von seinen Eltern so angenommen wird, wie es ist, sondern durch eine Kompilation von Leistungen, die es im Hinblick auf verschiedene Erwartungen erbringt. Die Schule macht das in seinen Welten sich orientierende Ich mit seinen verschiedenen Rollen-Identitäten bekannt, die irgendwann die Aspekte seiner Ich-Identität ausmachen.

Der Satz der Lehrkraft »Das gehört jetzt nicht hierher!« kann in der Familie so nicht gesagt werden. Kein Vater kann so auf eine Frage seiner Tochter, keine Schwester so auf eine Frage ihres Bruders antworten. Sie könnten eine Frage nur abweisen, wenn ihr Gegenstand als provokativ, unsittlich oder gemein qualifiziert würde. Dann müsste die Antwort allerdings lauten »So was fragt man nicht!«, »Dazu sage ich nichts!« oder »Was soll die blöde Frage?«. In der Sprache einer Soziologie der funktionalen Differenzierung könnte man sagen: Die Kommunikation in der Familie ist diffus, die in der Schule dagegen spezifisch. Alles, was ein Familienmitglied betrifft, kann im Intimitätsraum der Familie zur Sprache gebracht werden. Aber nur das, was relevant für einen bestimmten Aspekt des schulischen Geschehens ist, kann im öffentlichen Raum der Schule thematisiert werden. In der Familie liefert das Du sich dem Ich aus, in der Schule experimentieren Er und Sie damit, wie man Distanzen herstellt, überwindet und nach verschiedenen Seiten hin balanciert und sich dadurch als ein mit sich selbst identisches Ich zur Darstellung bringt.

Auf den ersten Blick scheint das Diktum der individuellen Förderung zwischen dem Ganzheitsmedium der Familie und dem Aspektmedium der Schule zu vermitteln. Das Lehrpersonal hat wie ein Familienmitglied die Stärken und Schwächen des einzelnen Kindes im Blick und richtet diese als Lehrerin und Lehrer auf die Ziele und Maßstäbe der Schule aus. Aber auf den zweiten Blick enthüllt sich das ganze Dilemma dieser doppelseitigen Aufforderung. Die familienförmige Inanspruchnahme durch die Individualität des einzelnen Kindes widerspricht der schulgemäßen Verdurchschnittlichung des Kinderschicksals. Wie weit kann sich die Lehrperson aufs einzelne Kind einlassen und wo muss sie es als eine Schülerin oder einen Schüler unter anderen begreifen?

Die Pädagogik als Wissenschaft tut so, als könne man diesem Widerspruch durch Methoden entgehen. Statt standardisierte Noten zu vergeben, verfasst die Lehrkraft personenbezogene Beurteilungen und kommuniziert dabei indirekt die allgemeinen Maßstäbe, die auch für das jeweilige Kind gelten. Im Alltag erweist sich dieser Befreiungsschlag freilich oft als Flucht in die Textbausteine. Denn das eigentliche methodische Problem betrifft den Widerspruch in der Lehrperson selbst. Wie kann ich dem einzelnen Kind gerecht werden, ohne die Maßstäbe der Gleichheit zu verletzen?

Ein für alle Seiten produktiver Umgang mit diesem Dilemma ist nur im Bewusstsein der professionellen Autonomie des Lehrberufs möglich. Jede professionelle Bearbeitung von lebenspraktischen Problemen steht vor der Herausforderung, wie ein individueller Fall im Horizont eines allgemeinen Regelsystems zu begreifen ist. Der Arzt versteht den einzelnen Patienten mit seinen Beschwerden als individuelle Ganzheit, die aber nur nach allgemeinen Regeln zu behandeln ist, und der Anwalt verpflichtet sich den ganz und gar individuellen Nöten des Klienten, die mit den allgemeinen Maßgaben des Rechts in Übereinstimmung zu bringen sind. Es ist jedes Mal die widersprüchliche Einheit von allgemeinem Regelwissen und individuellem Fallverstehen, die den Kern der professionellen Leistung ausmacht.[6] Arzt und Rechtsanwalt können das, weil sie über eine unausgesprochene Kasuistik möglicher individueller Symptome oder möglicher persönlicher Konflikte verfügen, die ihnen in der konzentrierten Zusammenschau aller Informationskanäle den Einzelfall in allgemeiner Hinsicht aufschließen. Das kann gar nicht schematisch und mechanisch funktionieren, sondern beruht jedes Mal auf einem fallspezifischen Begriff der lebenspraktischen Gesamtsituation.

Das ist auch das Modell für den Lehrer und die Lehrerin. Sie professionalisieren ihr berufliches Handeln in dem Maße, wie sie im Laufe ihrer berufspraktischen Erfahrung lernen, wie ein Kind sich zeigt, was es von sich verdeckt und woran es leidet. Man fängt dann nicht mit jedem Kind von vorne an, sondern verfügt über ein intuitives Wissen darüber, welche Verdrehungen und Verkümmerungen, welche Überschüsse und Verirrungen eine Rolle spielen. Diese fallspezifischen Kenntnisse stellen freilich kein Bücherwissen dar, sondern sind Ausdruck selbst erlebter Versuche und Irrtümer.

Wichtig ist dann immer das Gespräch unter den Kolleginnen und Kollegen, die einem mit Ratschlägen auf Augenhöhe weiterhelfen, wenn man nicht mehr weiterweiß. Es handelt sich um eine Sphäre kollegialer Professionalität, die gegenüber Dienstaufsicht und wissenschaftlicher Expertise ein Recht eigener Art beansprucht. Sowohl der Lehrer, der sich als Märtyrer in der Institution, als auch die Lehrerin, die sich als dienstleistende Wissensvermittlerin versteht, haben sich von dieser Form professioneller Selbstkritik verabschiedet. Nur wer sich als Teil einer beruflichen Tradition mit einer eigenen professionellen Ethik und besonderen berufspraktischen Erfahrungen begreift, kann die tagtägliche Herausforderung der Vermittlung zwischen Individualisierung und Egalisierung meistern.

Die professionalisierte Lehrkraft empfindet sich im Idealfall nicht mehr als Objekt von Regulierungen, Reformen und Ressentiments, sondern weiß sich als Stütze der Institution. Das ist heute alles andere als selbstverständlich, weil das Bildungssystem insgesamt als eine optimierungsfähige Dienstleistungsorganisation begriffen wird. Institutionen unterscheiden sich allerdings in einem grundsätzlichen Sinne von Organisationen. Organisationen werden nach ihrem Output in Zielzahlen beurteilt, Institutionen nach der Übereinstimmung mit ihrem Sinn. Deshalb inszenieren sich Organisationen mit Tabellen und Graphen als Systeme der Effizienz, Institutionen dagegen mit Erzählungen und Ritualen als Organe der Tradition. Was damit gemeint ist, wird sofort klar, wenn man sich den Unterschied zwischen den Institutionen Familie und Schule und den Organisationen der Deutschen Bahn oder des ZDF vor Augen führt. Organisationen werden verändert und können im Prinzip abgeschafft werden, Institutionen wandeln sich und kehren immer wieder.

Behandelt man Institutionen wie Organisationen, so ändert sich die Art und Weise der Autorisierung des Wissens. Es haben dann nicht mehr diejenigen das letzte Wort, die die Tradition kennen und die Arbeit vor Ort machen, sondern diejenigen, die die Tests auswerten oder am Computer die Kennzahlen überprüfen. Das kann nicht bedeuten, dass Institutionen sich gegenüber jeder Kritik immunisieren können. Es geht vielmehr darum, wer am Ende das Sagen hat. Der Unterschied zeigt sich in der Haltung zum Personal: Man kann die Beschäftigten als optimierbare Ressource oder als konstitutiven Bestandteil behandeln. Im ersten Fall setzt man Anreize, etabliert Kontrollinstanzen und droht mit Kündigung; im zweiten stärkt man die traditionelle Ethik der Selbstkorrektur, reorganisiert die internen Foren der wechselseitigen Kritik und unterstreicht den Zusammenhang von Loyalität und Leistung.

Den Lehrerinnen und Lehrern drängt sich der Eindruck auf, dass die Regie der Reform nach außen verlagert worden ist und sie selbst zu Ausführenden von Programmen degradiert worden sind, die aus Ländern mit ganz anderen Traditionen und Gesellschaften mit ganz anderen

Verhältnissen importiert worden sind. Es ist schließlich nicht so, als ob sie noch nie über Bildungsgerechtigkeit nachgedacht hätten. So hat das genaue Gegenteil einer Reprofessionalisierung des Lehrberufs stattgefunden. Von der Ethik des Berufs, von den Vorteilen der kollegialen Kritik und vor allem von den Bedingungen der Unmöglichkeit, Individualität und Egalität zusammenzubringen, war nie die Rede.

Die Befunde der internationalen Vergleichsuntersuchungen wie PISA und IGLU, aber auch DESI und die TISMUSS-Video-Studien haben den Nachweis geführt, dass das messbare Wissen und die messbaren Fähigkeiten der Schülerinnen und Schüler systematisch zwischen Ländern und Bildungssystemen variieren. Diese Unterschiede sind allerdings in größerem Ausmaß durch Merkmale des Unterrichts und des Verhaltens der Lehrerinnen und Lehrer als durch die Organisation des Schulwesens zu erklären. Es hängt also letztlich alles von der Freude und vom Engagement der Lehrkräfte ab. Eine wirkliche, das heißt tiefgehende und nachhaltige Verbesserung der Bildungsverhältnisse in Deutschland lässt sich nicht gegen, sondern nur mit dem Personal der Institution erreichen, der wir unsere Kinder in die Hand geben. Es ist wie im Leben sonst auch: Eine Veränderung der Verhältnisse kommt nicht dadurch zustande, dass man beklagenswerte Schwächen schwächt, sondern einzig und allein dadurch, dass man vorhandene Stärken stärkt. Für den Lehrberuf gelingt das über eine praktisch fordernde, aber psychisch entlastende Vorstellung von Professionalität, die auf die Gewinnung von Handlungsautonomie durch Selbstkritik zielt.

9. Der politische Fehlschluss

Der Gewährsmann von Ralf Dahrendorfs Intervention aus den 1960er Jahren über das Bürgerrecht auf Bildung war der britische Wohlfahrtsstaatstheoretiker Thomas Humphrey Marshall. In einer später berühmt gewordenen Vorlesung über »Staatsbürgerschaft und Soziale Klassen« hatte dieser 1949 vor einer kleinen, aber einflussreichen Hörerschaft in Cambridge seine Vorstellungen über die sozialen Dimensionen von Staatsbürgerschaft in einer Welt des, wie der deutsche Soziologe Theodor Geiger es genannt hat, »institutionalisierten Klassenkampfs« dargelegt. Wenn man wie nach dem Zweiten Weltkrieg nicht mehr davon ausgehen kann, dass ein Klassenkampf, ob nun von oben oder von unten, die Gesellschaft endgültig still stellen könnte, dann muss es andere, eben klassen-übergreifende Formen des gesellschaftlichen Ausgleichs und des sozialen Zusammenhalts geben. Dafür steht die Idee einer Staatsbürgerschaft, die jedem einzelnen Gesell-schaftsmitglied unabhängig von sozialer Herkunft und ethnischer Abstammung die Chance einräumt, nach sei-nem eigenen Willen und ihren eigenen Möglichkeiten sich am gesellschaftlichen Leben zu beteiligen. Man muss sich vor Augen halten, dass es nach der geschichtlichen Erfah-rung des furchtbaren Scheiterns absoluter Lösungen des modernen sozialen Konflikts damals darum ging, trotzdem nicht auf Vorstellungen gerechter Anteile zu verzichten.

In Frage steht die Gleichheit der Menschen, die von ihrer Freiheit Gebrauch machen können. Ungleich sind wir als jeweils einzigartige Individuen mit unseren spezifischen Vorlieben, Talenten und Eigenschaften, Gleichheit aber beanspruchen wir als Personen, die mit einem Set unveräußerlicher Rechte ausgestattet sind. Marshalls einfachem und elegantem Modell zufolge blicken wir auf eine zweihundertjährige Evolution der Gleichheit in drei Schritten zurück. Die Kämpfe des 18. Jahrhunderts bezogen sich auf die bürgerlichen Freiheits- und Privatrechte, die des 19. auf die politischen Beteiligungs- und öffentlichen Artikulationsrechte und im 20. Jahrhundert standen zuletzt die sozialen Wohlfahrts- und gesellschaftlichen Beteiligungsrechte auf der Tagesordnung. Jedes Mal ging es um eine Erweiterung der Grundlagen der Gleichheit: Gleichheit vor dem Gesetz, Gleichheit der Stimme bei der Wahl des Souveräns und Gleichheit bei der Versorgung und Unterstützung durch die Allgemeinheit.

Der Bürgerstatus definiert sich über die bürgerlichen Grundrechte, das Recht auf eine Stimme in der politischen Gemeinschaft sowie das Recht auf soziale Wohlfahrt, kognitive Aktivierung und kulturellen Ausdruck. Wir halten es heute für selbstverständlich, dass jeder, der in Deutschland geboren ist und auf Dauer hier wohnt, ein Anrecht auf Unterstützung im Fall von Arbeitslosigkeit und Arbeitsunfähigkeit, auf Versorgung in der Kindheit und im Alter und auf Förderung über die gesamte

Lebensspanne genießt. Es widerspräche dem Prinzip der Gleichheit, wenn jemandem aufgrund seiner sozialen Herkunft, seiner ethnischen Abstammung oder seines religiösen Bekenntnisses die nötige Unterstützung, Versorgung und Förderung verweigert würde. Natürlich wird immer wieder über Form und Umfang der entsprechenden staatlichen Leistungen diskutiert, weil das Geld dafür irgendwo herkommen muss und weil nicht alles, was gut gemeint ist, auch die gewünschten Wirkungen erzielt, aber am Prinzip der sozialen Bürgerrechte erhebt sich kein ernsthafter Zweifel.

Als Marshall in der unmittelbaren Nachkriegszeit den Anspruch auf soziale Wohlfahrt als ein Bürgerrecht begründete, konnte er unausgesprochen auf die Erfahrung der kollektiven Kriegfolgebetroffenheit rekurrieren. Es ging nicht wie im 19. Jahrhundert um Hilfe für die Armen, sondern um das Recht eines jeden Staatsbürgers auf Gewährleistung eines angemessenen Lebensniveaus, falls er oder sie in Folge von Arbeitslosigkeit, Arbeitsunfähigkeit oder Alter nicht mehr in ausreichendem Maße für sich selbst sorgen kann. Nach dem gesellschaftlichen Großereignis eines Weltkriegs, der alle in Mitleidenschaft gezogen hatte, sollte niemand, der unverschuldet in Schwierigkeiten geraten war, draußen vor der Tür stehengelassen werden. Für Marshall und seine Generation hatte der Begriff einer sozialen Bürgerschaft keinen enthusiastischen Klang. Es ging schlicht und einfach um die Erkenntnis, dass gesellschaftliche Teilhabe sich nicht darin erschöpft, Verträge schließen und zur Wahl gehen zu können, sondern immer auch die materielle Absicherung gegen erwartbare Risiken in der Erwerbsbiographie beinhaltet. Die soziale Bürgerschaft sollte dem Bürger, der keinen Besitz und kein Eigentum im Rücken hat, die Angst nehmen, ins Nichts zu fallen, damit er oder sie sich frei fühlen für die Beteiligung an den öffentlichen Angelegenheiten. Franklin D. Roosevelt hatte für ein solches Denken bereits nach der Weltwirtschaftskrise 1932 das Diktum geprägt: *The only thing we have to fear is fear itself!*

Die Verwirklichung sozialer Bürgerrechte obliegt einem eigenen Staatsapparat, der nach dem Zweiten Weltkrieg in allen OECD-Ländern schrittweise ausgebaut worden ist. Der Staat hat die Verantwortung dafür übernommen, dass das einzelne Gesellschaftsmitglied als Bürger in der Lage ist, für die eigenen wie für die allgemeinen Dinge Sorge zu tragen. Allerdings existieren für das Verständnis dieser Staatstätigkeit in den einzelnen Ländern sehr unterschiedliche Traditionen. So beruht der britische Wohlfahrtsstaat, wie er T. H. Marshall vor Augen stand, auf einer ganz anderen Begründung als der deutsche Sozialstaat, wie Otto von Bismarck ihn sich vorgestellt hatte.

Seit Bismarcks Versuch, der aus seiner Sicht gefährlichen Klasse der sozialdemokratisch organisierten Arbeiterschaft durch eine erweiterte Sozialpolitik den Wind aus den Segeln zu nehmen, soll der deutsche Sozialstaat der Aufrechterhaltung des sozialen Ganzen dienen. Immer dann, wenn irgendwo »gefährliche Klassen« sichtbar werden, wird nach dem Sozialstaat gerufen, der mit gruppenspezifischen Programmen und soziallagenbezogenen Verteilungen auf Störungen im sozialen Zusammenhalt reagiert. So wird mit individuellen Entschädigungen abgegolten, was nach kollektiver Berechtigung verlangt. Wenn dazu noch eine Weimarer Situation mit antidemokratischen Gefahren assoziiert werden kann, ist die Legitimität für einen Eingriff ins Verteilungssystem so stark, das nach seiner Funktionalität schon nicht mehr gefragt werden darf. In kritischer Perspektive könnte man von einer »kompensatorischen Verteilerfassade«[1] sprechen, die zur Abwehr von Systemgefährdungen durch das Aufbrechen von Klassengegensätzen aufgebaut wird.

Der britische Wohlfahrtsstaat ist ganz anders gedacht. In der britischen Großgruppengesellschaft werden soziale Gegensätze nicht als Gefährdungen des Ganzen, sondern als Bedingungen der Geselligkeit aufgefasst. Die soziale Bürgerschaft soll daher nicht Entschädigungen verteilen, sondern Ertragbarkeiten ermöglichen. Statt gezielter Hilfe für einige setzt der britische Wohlfahrtsstaat auf die Grundsicherung für alle. Das mutet aus der Sicht deutscher Sozialstaatlichkeit fast zynisch an: Man versorgt alle gleich, damit niemand sich über die am eigenen Leib erfahrene gesellschaftliche Ungleichheit beschweren kann. »Es geht um die Gleichheit der Chancen, nicht der Resultate«, lautet dann der achselzuckende Kommentar des britischen Gentlemens der Gleichheit.

Dahrendorf wollte mit seiner Bezugnahme auf Marshall in der Mitte der 1960er Jahre den Deutschen zweifellos ein britisches Verständnis der sozialen Gleichheit nahebringen. Die »versäulte Gesellschaft« des Wirtschaftswunders konnte seiner Auffassung nach etwas mehr Konflikt und Dissenz durchaus vertragen. Zudem war der Stau von Wandlungsimpulsen, der sich 1968 schließlich entladen hat, seinerzeit zu spüren. Deshalb gehörte Dahrendorfs Eintreten für eine aktive Bildungspolitik zur Emphase des Augenblicks: Bildungspolitik geht an die Wurzeln, weil sie aus einer reichen Gesellschaft erst eine freie Gesellschaft macht.

Bildung besitzt für die Etablierung einer sozialen Bürgerschaft deshalb höchste Priorität, weil sie die Grundlage einer jeden Politik der Lebenschancen darstellt. Das betrifft die Teilhabe am Erwerbsleben genau so wie die am politischen oder am kulturellen Leben. Durch Bildung kann ich überhaupt erst ermessen, welche Chancen ich habe, meine Talente zu verwirklichen, meine Stimme öffentlich zur Geltung zu bringen oder meinem Ich Ausdruck zu verleihen. In der Sprache der modernen Pädagogik: Bildung dient der kognitiven, sozialen und affektiven Mobilisierung der Person und stellt so die Voraussetzung für die Verwirklichung der sozialen Bürgerrechte dar.

Bildung erfüllt aber noch eine zweite wichtige Funktion bei der Wahrnehmung der Bürgerrechte. Sie mobilisiert nicht nur, was in einem steckt, sie führt einem auch gleichzeitig vor Augen, dass nicht alle Bäume in den Himmel wachsen. Die Verwirklichung von Chancen hängt von anderen Bedingungen ab als deren Eröffnung und Zuerkennung. Bürgerrechte kommen allen zu, begründen aber im Einzelfall ganz verschiedenen Arten von Vorteilen. Am leichtesten hinzunehmen ist das bei der einkommensbezogenen Altersrente. Je mehr man im Erwerbsleben einbezahlt, umso mehr kommt für die Zeit nach dem Erwerbsleben heraus. Aber auch bei der Bildung ist das nicht anders. Die Bildungsrendite ist in hohem Maße abhängig von den Bildungsvoraussetzungen, mit denen man ins Bildungssystem eintritt. Das gleich verteilte Gut fällt auf sehr unterschiedlichen Boden und gedeiht dort unter sehr speziellen Bedingungen.

Es ist die reflexive Dimension von Bildung, die das liberale Verständnis der Bürgerrechte vervollständigt: Weil es am Ende meine Sache ist, was ich aus meinen Chancen mache, muss ich hinnehmen, dass manche bei vergleichbaren Bedingungen besser wegkommen, und darf mich andererseits nicht darüber erheben, dass andere, obwohl sie unter günstigeren Voraussetzungen gestartet sind, schlechter dastehen. Das ist natürlich ein ideales, um nicht zu sagen: idealisiertes Bild, es führt aber vor Augen, dass eine Politik effektiver Bürgerrechte keine nivellierte Gesellschaft hervorbringt.

T. H. Marshall hatte keinen Zweifel über die Persistenz sozialer Ungleichheit trotz erweiterter sozialer Bürgerrechte. Man kann durch Bildung, sei sie auch noch so gut gemeint und richtig gemacht, nicht die sozialstrukturell bedingte Wahrscheinlichkeit der Lebensverläufe außer Kraft setzen, nicht die damit verbundenen Formen subkultureller Überlieferung zum Verschwinden bringen und schon gar nicht die über Beziehungs- und Heiratsmärkte vermittelte Privilegienstruktur brechen. Was Bildung freilich zum Schlüssel für eine aktive Politik der Bürgerrechte macht, ist die Vermittlung von Zugängen zu Arbeits-, Beziehungs- und Ausdrucksmärkten, damit die einzelnen überhaupt in die Lage kommen, sich Konkurrenzen zu stellen und Herausforderungen zu bewältigen.

Der Wohlfahrtsstaatstheoretiker Marshall ist sich mit dem Volkswirtschaftler Keynes darin einig, dass die für die Steuerung der Gesellschaft zentrale Problematik nicht darin besteht, soziale Ungleichheit möglichst auszuschalten oder weitgehend zu minimieren, sondern ganz im Gegenteil die Ungleichheit unter den Menschen in eine gesellschaftliche Kraft der Entwicklung von Lebenschancen zu verwandeln. Ohne gleichen Zugang zu den staatsbürgerlichen Rechten im privaten, öffentlichen und sozialen Sinne kann die letztlich ökonomisch induzierte und ständisch habitualisierte Ungleichheit für den Gesellschaftskörper insgesamt nur destruktiv wirken, weil sie die Unterprivilegierten entprägt und entmutigt und die Privilegierten selbstgerecht werden und erschlaffen lässt.

Dieser Gedanke ist uns schon bei der Unterscheidung von Löwen und Füchsen begegnet. In modernen Gesellschaften existieren immer zwei Formen der Allokation von Ressourcen nebeneinander: der Markt und der Wohlfahrtsstaat. Wer von den Verteidigern des Wohlfahrtsstaats den Markt vergisst, verfällt dem Irrglauben, man könne die Verteilung von Lebenschancen allein über die Verbriefung von Anrechten regeln. Wer von den Freunden des Marktes den Wohlfahrtstaat hasst, verliert den Blick für die Verzerrungen und Vermachtungen des Wettbewerbs, die dazu führen, dass gewinnt, wer schon hat, und verliert, wer nichts hat. Das Ganze stellt sich als widersprüchliche Einheit von ewiger Optionsvermehrung und immer umstrittener Anrechtsvermittlung dar.

Bildung ist ein Anrecht und vergibt Anrechte, aber weder beherrscht sie den Markt noch schützt sie vor dem wechselhaften Marktgeschehen. Diese widersprüchlichen Zusammenhänge zeigen sich immer wieder in den paradoxen Befunden der Bildungsforschung.[2] Die Bildungsexpansion, die sich als nach wie vor steigende Nachfrage nach weiterführenden Bildungsgängen und der damit verbundenen Verlängerung des vollzeitigen Schulbesuchs darstellt, hat zur nachhaltigen Steigerung des allgemeinen Bildungsniveaus und zur nicht mehr rückgängig zu machenden Erweiterung von gesellschaftlichen Teilhabe- und individuellen Gestaltungsmöglichkeiten beigetragen.

Diese Erfolgsgeschichte kann man seit dem Zweiten Weltkrieg von Generation zu Generation verfolgen. Es handelt sich um eine integrale Erzählung der bundesrepublikanischen Aufstiegsgesellschaft, die sich an bildungsgeschichtlichen Ikonen wie »Literatur der Arbeitswelt«, »Klassenliebe« oder »Kanak Attak« festmachen lässt. Auf der anderen Seite hat sich bei der Bildungsgerechtigkeit wenig getan. Die Erwartung eines Chancenausgleichs durch gesellschaftlich jedes Mal umkämpfte Schulentwicklungsprojekte hat sich nicht erfüllt. Zuletzt mussten sogar die leidenschaftlichen Verfechter der Gesamtschule eingestehen, dass in letzter Instanz das Elternhaus und nicht die Schulform über den Bildungs- und Berufserfolg entscheidet.[3] Solange die Schule die Kinder und Jugendlichen beisammen hat und sie nach Leistungen gruppiert, lässt sich der Einfluss der Herkunft durchaus zurückschrauben. Aber wenn es um Entscheidungen für weitere Bildungsstufen geht, schlägt der Einfluss der Familie, die das Beste für ihr Kind will, durch. So erweist sich das

Schulwesen eher als Rad denn als Sand im Getriebe der sozialen Ungleichheit.

Über diese Erkenntnis muss man nicht in Verzweiflung geraten, wenn man sich mit T. H. Marshall klarmacht, was mit Bildung zu erreichen ist. Mit Bildung kann man die soziale Bürgerschaft stärken, aber nicht die gesellschaftliche Ungleichheit ausheben. Der immer aufs Neue zu beobachtende Versuch, Bildungspolitik wie Robin Hood als gezielte Entprivilegierung der Starken oder positive Diskriminierung der Schwachen zu betreiben, ist ein politischer Fehlschluss und zum Scheitern verurteilt. Eine solche Bildungspolitik läuft ins offene Messer der empörten Mehrheitsklasse, und deren Protagonisten verstehen angesichts der bösen Hartherzigkeit, die ihnen entgegenschlägt, oft die Welt nicht mehr.

Trotzdem lässt sich in Deutschland nicht wegdiskutieren, dass die Bildungsexpansion eine gewachsene soziokulturelle Heterogenität der Gymnasialschülerschaft und zugleich eine größere soziale Homogenität des Hauptschulklientels gebracht hat. Lehrerinnen und Lehrer an Gymnasien berichten davon, dass ihnen in der Schülerschaft die Mitte des Leistungsprofils wegbricht. Es gibt die Gruppe der sehr guten Schülerinnen und Schüler, die sich in jeder Hinsicht für ihren Durchmarsch fit machen, und die Gruppe der schlechten Schüler und Schülerinnen, die keine Idee haben, was aus ihnen werden soll. Der Kampf um Bildung hat in den sozial geöffneten weiterführenden Bildungsgängen nach diesem Eindruck die normalverteilte Klassengemeinschaft zerstört.

Für die Bildungsverlierer auf den Haupt- und Sonderschulen dagegen dreht sich die Beschulungsschraube leer. Die Bildungsnorm des mittleren Schulabschlusses besiegelt den internen Ausschluss dieser ums Leben betrogenen Jugendlichen. Die Schule bildet hier nicht mehr, sie verwahrt nur noch. Der einzige Ausweg, den diese Jungmenschen für sich sehen, liegt im Traum von einer spektakulären Lebensführung in einer Ökonomie der Wunder.

Was bedeutet diese Bilanz für das Ziel einer aktiven Bildungspolitik, die an das Ideal einer sozialen Bürgerschaft glaubt? Man muss wohl wieder auf die von Zukunftsdenkern wie Ivan Illich in den frühen 1970er Jahren vorgeschlagene Entschulung der Bildung zurückkommen. Jedenfalls dauert der Schutz vor dem wirklichen Leben für die Ausbildungsmüden unter den Jugendlichen aus prekären Lebensverhältnissen viel zu lang. Die Fixierung auf bestimmte Schulabschlüsse, denen fragwürdige Theorien über nachgefragte Kompetenzen unterliegen, verstärkt ein erbarmungsloses Sortierungsmuster gerade in den unteren Rängen des deutschen Bildungssystems. Hier war man in der polytechnischen Tradition der beruflichen Bildung schon mal weiter. Es bietet sich daher an, nicht den mittleren Schulabschluss, sondern die berufliche Erstausbildung als Bildungsminimum zu definieren. Die berufliche Bildung hat den großen Vorzug, dass sie die Wirkzusammenhänge anspricht, die für einen Heranwachsenden, den die Schule anödet, eine unbestreitbare Wirklichkeit bilden. Was diese Jugendlichen an der Schule hassen, ist der Blick der Bewertung, der Herunterstufung und der Einsortierung, der sie darauf festlegt, so zu sein, wie sie sind. Was sie suchen, ist ein Raum der Bewährung, in dem der Zusammenhang zwischen eigenem Tun und persönlichem Erfolg überhaupt erst sichtbar wird. Den finden sie nicht im sogenannten Übergangssystem, in dem bei uns Jugendliche ohne Schulabschluss zu 80 Prozent und jene mit einem Hauptschulabschluss zu 50 Prozent landen.

Es kommt auf das lange Zeit in aller Welt hochgelobte deutsche System der dualen Bildung an. Dazu muss das System freilich in der Lage sein, mit dem Größenbedarf der Kleingemachten zu operieren. Fürs Vertrauen ins eigene Lebensbewältigungsvermögen gibt es keinen Abschluss. Eine Gesellschaft, die sich zur sozialen Bürgerschaft bekennt, wird bei der Verwirklichung der Bürgerrechte der Phantasie sozialer Formen, der Ungleichartigkeit der Wege und der Vielfalt menschlicher Talente Rechnung tragen. Die Kraft des einzelnen überspielt allemal die Parallelogramme des Sozialen. Eine Organisation der Gleichheit, die die Erfahrung der Freiheit erstickt, macht die soziale Bürgerschaft insgesamt zunichte.

10. Gute Nachrichten

Für alle Eltern, die wegen unberechenbarer Aufnahmeverfahren für weiterführende Schulen, wegen unglaublicher Zulassungsbeschränkungen für bestimmte Studiengänge oder wegen exorbitanter Gebühren für einen Masterstudiengang an einer britischen Universität um den Schlaf gebracht werden, gibt es gute Nachrichten. Auch mit einem Abitursdurchschnitt von 3,1 oder mit einem allenfalls passablen mittleren Schulabschluss brauchen sie sich keine Sorgen um die Zukunft ihrer Kinder zu machen. Jedenfalls was die beruflichen Chancen und die Bedingungen des Karriereerfolgs betrifft.

Die Demographie rettet alle. Es ist jetzt schon abzusehen, dass sich auch die guten Schulen um Schülerinnen und Schüler reißen werden und dass die Wirtschaft jede Person, die überhaupt einen berufsrelevanten Abschluss vorweisen kann, mit Kusshand begrüßen wird. Es ist noch selten eine Generation in Deutschland mit so guten Chancen ins Bildungssystem eingetreten und vom Bildungs- ins Beschäftigungssystem gewechselt. Das Verhältnis von Geburtenaufkommen und Stellenverfügbarkeit hat sich in den letzten Jahren so günstig entwickelt, dass eigentlich für jede und jeden Platz ist. Je vielfältiger das Können und je vielgestaltiger das Streben, umso besser.

Die augenblickliche demographische Situation ist nämlich dadurch gekennzeichnet, dass die geburtenschwachen
Jahrgänge der in den 1980er und 1990er Jahren Geborenen
mit dem Studium oder der Berufsausbildung fertig werden, während gleichzeitig die geburtenstarken Jahrgänge
der Babyboomer sich vom Berufsleben verabschieden.
Dieser fürs Generationenverhältnis so günstige Staffel-
wechsel hält noch eine Weile an. So wird der Jahrgang
1964, der als der geburtenstärkste Jahrgang der Nachkriegszeit sich heute in seiner Prominenzphase befindet,
im Jahre 2024 das sechzigste Lebensjahr erreichen und
sich dann so langsam, auch wenn das durchschnittliche
Renteneintrittsalter womöglich bei 63 Jahren liegen wird,
auf die Rente vorbereiten und für seine eher wenigen Kinder die Plätze räumen. Allerdings gilt dies alles nur so
lange, wie die wirtschaftliche Entwicklung sich etwa in
den bisherigen Bahnen hält. Es sind keine Wachstums-
raten von 2 oder 3 Prozent nötig, es darf nur nicht passieren, dass Junge wie Alte anfangen zu sparen und zu hor-
ten, weil sie dem Gang der Dinge misstrauen und heute
lieber kürzertreten, um morgen nicht blank dazustehen.

Es ist gut, sich ein paar Zahlen zu vergegenwärtigen,
damit man die guten Nachrichten auch glauben kann.
Nach der dem »Bildungsbericht 2010« des Bundesminis-
teriums für Bildung und Forschung zugrunde gelegten
Bevölkerungsvorausberechnung wird die für Kindergar-
teneinrichtungen, Schule, Berufsausbildung und Hoch-
schule relevante Altersgruppe der unter 30-Jährigen von
derzeit 25,5 Millionen zunächst auf 23,6 Millionen im
Jahre 2015 und dann bis 2025 auf 21,3 Millionen zurückge-

hen. Während die Zahl der Personen in dem für Krippe, Kindergarten und Grundschule typischen Alter bis 2025 moderat sinkt, wird der Bevölkerungsrückgang in der für weiterführende Schulen und Hochschulen relevanten Altersgruppe rund 20 Prozent betragen.

Von diesem Bevölkerungsrückgang insgesamt sind die einzelnen Bundesländer in unterschiedlichem Umfang betroffen. Für die Altergruppe der unter 30-Jährigen wird in den ostdeutschen Flächenländern mit einem Rückgang von 26 Prozent, in den westdeutschen von 15 Prozent und in den Stadtstaaten Berlin und Hamburg von 12 Prozent gerechnet.

Im Vergleich zur heutigen Situation muss bereits in den kommenden Jahren, wenn der Durchschnittsjahrgang von 850 000 im Jahre 2009 auf 800 000 Jugendliche zurückgegangen sein wird, eine fühlbar erhöhte Konkurrenz unter den Ausbildungseinrichtungen auf allen Ebenen um junge Menschen erwartet werden, die sich bis 2025 noch einmal verschärfen wird, da bis dahin die Anzahl des Durchschnittsjahrgangs unter 700 000 fallen wird.

Welche Probleme sich bei der Gewinnung des Nachwuchses für die Fachkräfteausbildung stellen, kann heute schon in Ostdeutschland besichtigt werden. Landräte und Bürgermeister in einst abgeschriebenen Regionen Brandenburgs, Mecklenburgs oder der Oberlausitz versuchen verzweifelt ihre jungen Frauen und Männer zu halten oder doch zur Rückkehr zu bewegen, damit die in Gang gekommene wirtschaftliche Belebung nicht aufgrund von fehlendem Nachwuchs wieder versandet. In den westdeutschen Flächenstaaten tritt die für die Wirtschaft kritische Situation erst nach 2015 ein, wenn die heute noch suchenden, wartenden oder im Übergangssystem abgestellten Jugendlichen in die berufliche Bildung integriert sind. Für die Stadtstaaten wie vermutlich auch für andere Ballungszentren dürfte dieser Zeitpunkt schon früher erreicht sein, wobei der Zuzug von Ausbildungsbewerbern aus dem Umland die Probleme mildern könnte.

Welche Berufsgruppe man auch heranzieht, stets bietet sich das gleiche Bild: alternde Berufstätige und fehlende Nachwuchskräfte. Nach Angaben des Bundesverbands der Deutschen Ingenieure vom Januar 2011 klafft augenblicklich eine »Ingenieurslücke« von rund 49 000 Personen. Das heißt: 72 000 offenen Ingenieurstellen stehen 13 000 arbeitslos gemeldete Ingenieure gegenüber. Besonders gesucht werden Maschinen- und Fahrzeugbauingenieure für die boomende Automobil- und Maschinenbauindustrie, aber auch Elektroingenieure für das »zweite Stromzeitalter« der regenerativ gewonnenen Energie sowie Bauingenieure fürs neue ökologisch durchdachte, altersgerechte und informationstechnisch integrierte Bauen.

So benötigte die Mehrheit der Absolventen von Studiengängen für Elektrotechnik nur ein bis zwei Vorstellungsgespräche bei weniger als zehn Bewerbungen, um eingestellt zu werden. Das mittlere Einstiegsgehalt liegt derzeit bei 42 000 Euro. Ein großer Teil der Elektroingenieure ist nach vier bis sechs Berufsjahren bereits Projekt-, Gruppen- oder Abteilungsleiter. Nach sieben bis acht Berufsjahren haben viele ihr Einstiegsgehalt um mehr als 50 Prozent gesteigert.

Bei den Ärzten sieht es nicht viel anders aus. In vielen Regionen insbesondere Ostdeutschlands ist der Ärztemangel inzwischen eine leidvolle Erfahrung für die Patienten. Sie müssen lange auf Termine warten und weite Wege in die nächste Arztpraxis in Kauf nehmen. Aber auch in den Krankenhäusern bleiben viele Stellen wegen mangelndem Personalangebot unbesetzt. Bis zum Jahre 2020 werden 24 000 Hausärzte aus dem System ausscheiden und fast 20 000 Ober- und Chefärzte altersbedingt in den Ruhestand gehen.

Die gewachsene Nachfrage nach Ärzten hängt nicht allein mit der demographischen Entwicklung in der Ärzteschaft zusammen, sie wird noch durch die Erweiterung der ärztlichen Leistungen durch früher nicht bekannte oder nicht durchführbare Eingriffe, Untersuchungen und Behandlungsmethoden verstärkt. Darüber hinaus hat mit dem wachsenden Anteil der 70- bis 80-Jährigen an der Bevölkerung insgesamt die Behandlungsintensität erheblich zugenommen. Und schließlich hat sich durch den Anstieg des Frauenanteils an der Ärzteschaft und der damit verbundenen tendenziellen Verteilzeitlichung des Arztberufs eine gewaltige Veränderung des zur Verfügung gestellten Arbeitsvolumens ergeben.

Selbst bei den Lehrern und Lehrerinnen werden sich trotz zurückgehender Schülerzahlen bald Engpässe ergeben. Fast jede zweite Lehrkraft in Deutschland ist heute fünfzig Jahre und älter und wird somit in zehn bis fünfzehn Jahren das Rentenalter erreichen. Sie werden zwar nicht alle automatisch wieder ersetzt, aber auch bei rigidem Sparzwang wird sich die deutsche Lehrerschaft, die jetzt schon zu den ältesten in Europa zählt, nicht um die Hälfte reduzieren lassen. Eine gewisse Ausbildungskapazität muss schon vorgehalten werden, und im Wettbewerb mit anderen Stellenanbietern werden die öffentlichen Arbeitgeber nicht darum herum kommen, den Lehrberuf für gute und motivierte Studierende attraktiver zu gestalten.

Beim Handwerk schließlich, um ein letztes Beispiel zu zitieren, wächst die Bewerberlücke von Jahr zu Jahr. Der Zentralverband des Deutschen Handwerks nennt am Anfang des Jahres 2011 die Zahl von mindestens 7000 unbesetzten Lehrstellen, wovon 2000 in den neuen Bundesländern zu Buche schlagen. Ob bei den Elektrikern oder bei den Heizungsbauern, ob bei den Feinwerkmechanikern oder den Kraftfahrzeugmechatronikern, ob bei den Bäckern oder den Gebäudereinigern – überall wird von den Sprechern des Handwerks die Fachkräftesicherung als die zentrale Herausforderung benannt. Man will auf keinen Fall den Eindruck erwecken, einem Verdrängungswettbewerb Vorschub zu leisten. Das Handwerk wirbt vielmehr damit, für alle Jugendlichen Chancen zu bieten: Für den praktisch veranlagten, aber theoretisch nicht so versierten Schüler aus der Real- oder Hauptschule genauso wie für die im Kundenkontakt verbindliche und geschäftlich ambitionierte Schülerin mit Migrationshintergrund und Abitur. Aus Sicht des Verbandes wird die tatsächliche Bewerberlücke von der Bundesanstalt für Arbeit gar nicht mehr richtig erfasst, weil viele Handwerksbetriebe es schon aufgegeben haben, ihren Bedarf offiziell anzumelden. Man beginnt sich seine Azubis selbst zu suchen, weil die Zuweisungen ausbleiben oder sich als Enttäuschungen erweisen.

Es ist eigentlich kein Grund zur Panik, weil offenbar Platz für alle ist. Aber real ist nicht nur, was Berechnungen sagen und Statistiken belegen, sondern ebenso, was wir befürchten, erwarten und hoffen. Weder die Eltern, die den Part der Zusatzbeschulung für ihre Kinder übernommen haben, noch die Heranwachsenden, die sich auf den Schulen und Hochschulen im Wettbewerb um Noten und Titel befinden, vermögen den guten Nachrichten Glauben zu schenken. Im Gegenteil: Bildung ist heute zum Signalwort für reduzierte Erwartungen geworden. Man glaubt nicht den Geschichten der Wirtschaft, die von Chancen handeln und den Aufbruch zu neuen Ufern predigen, sondern denen aus der Politik, die die Risiken unterstreichen und auf die Rationierung und Staffelung des Karriereerfolgs abheben. Es ist gar nicht vorgesehen, dass etwas von sich aus gelingen kann, weil jemand Chancen wahrnimmt und Gelegenheiten nutzt. Das sind Geschichten von früher, wo die Verhältnisse im langen Nachkrieg ungeregelter waren, man einfach loslegen und einer Verlockung nachgeben konnte.

Die Gesellschaft von heute gleicht in den Worten von Karl Mannheim[1] einer relativ befriedeten Enklave, wo sich nur der Kampf einzelner Anwärter der nach oben gekommenen Schichten um die Verteilung der vorher kollektiv eroberten Wirkungs- und Rechtspositionen abspielt, die nunmehr über die Kontrolle durch Bildung vergeben werden. Der Bildungsabschluss verbrieft dann den Anspruch auf eine im voraus gestaffelte Erfolgsgröße. Es kommt im

Grunde nicht mehr auf einen selbst an, wie viel man von den im gesellschaftlichen Raum vorhandenen Macht-, Wirkungs- und Verfügungsmöglichkeiten an sich reißt und wie man sie im Zentrum seiner Person zusammenfügt, sondern man findet die Lebenschancen in Form anerkannter Kompetenzen vor, die Belohnungsgrößen wie Gehalt, Prestige und Selbstbestimmung enthalten.

Die Bildungspanik ist Ausdruck einer Gesellschaft der Ängstlichkeit, die immer schon vorweg wissen will, was am Ende herauskommt. Dabei verschärft sie notgedrungen die Grenze zwischen denen, die ganz sicher dazugehören, und jenen, die sich aufgrund mangelnder Bildungstechniken und fehlender Bildungsbestrebtheit gegen Einbeziehung sperren. Die Linie wird im Bildungssystem gezogen und setzt sich dann über Beziehungs- und Heiratsmärkte bis in Viertel und Quartiere fort. Die Milieus schotten sich auf diese Weise gegeneinander ab, nicht weil sie das aus bösem Willen so wollen, sondern weil sie außer über die Massenmedien keinen Kontakt miteinander haben. Man begreift nicht, was die jeweils anderen für ein Leben führen, was ihnen wichtig ist und was sie ihren Kindern weitergeben wollen.

Das alles spricht nicht gegen die Erwartung von Bildungsanstrengung und die Ermöglichung von Kompetenzerwerb. Es geht vielmehr um die Orientierung an einem anderen Begriff der Bildung, der Bildung weder als Mittel für Selbstdurchsetzung noch als Medium der Weltbefriedung versteht. Natürlich hilft einem Bildung beim Fortkommen, und zweifellos weitet sich durch Bildung der Horizont fürs Weltverstehen. Aber Bildung garantiert weder, dass man im Leben vorankommt, noch, dass die Welt besser wird.

Gegen die erste Fixierung lautet der Einwand, dass gerade mit der Zunahme von Beschäftigungsmöglichkeiten auf allen Stufen des Beschäftigungssystems die Vorhersehbarkeit der Berufskarriere für den einzelnen abnimmt und infolgedessen sich auch die Plazierungsleistung der Bildungszertifikate verflüchtigt. Die Bildungsvoraussetzungen sortieren den Zugang, sichern aber nicht den Status. Das ist ein Grund für den zunehmenden Anteil abgebrochener Berufsausbildungen, Mehrfachausbildungen, Zusatzqualifikationen und längerer Studiendauer.[2]

Bei der zweiten Fixierung wird Bildung mit einem Sinn- und Glücksversprechen belastet. Man kann niemandem verdenken, in der Nachfolge Wilhelm von Humboldts von der Bildung die Anregung aller Kräfte des Menschen zu erwarten. Aber es besteht dann immer die Gefahr des Ausbruchs einer narzisstischen Wut, wenn man anderen begegnet, denen dieses Ideal anscheinend nichts bedeutet. In der Welt der Gebildeten sollen die Ungebildeten sich entweder um Bildung bemühen oder von der Bildfläche verschwinden.

Vielleicht lohnt es sich zum Schluss doch, an den Gymnasialdirektor Hegel[3] zu erinnern. Der sah den Sinn der Bildung schlicht darin, sich für anderes, für andere und für allgemeine Gesichtspunkte offenzuhalten. Dann versteht man, dass in der Bildung die Schuld gegenüber einem anderen mitgedacht und mitempfunden ist, dem das Selbst sich verdankt.

Anmerkungen

1. Die verfahrene Lage

1 So zuletzt etwa die 2010 veröffentlichte, im Auftrag der Hein-
rich-Böll-Stiftung erstellte Untersuchung von Reinhard Pollak
»Kaum Bewegung, viel Ungleichheit. Eine Studie zu sozialem
Auf- und Abstieg in Deutschland«.

2 So der von Rosa Luxemburg entlehnte Ausdruck bei Burkart
Lutz, Der kurze Traum immerwährender Prosperität, Frankfurt am Main 1985.

3 Ralf Dahrendorf, Bildung ist Bürgerrecht. Plädoyer für eine
aktive Bildungspolitik, o. O. (Hamburg) 1965.

4 A. a. O., S. 25.

5 C. Wright Mills, White Collar. The American Middle Class,
Oxford 1956 (zuerst 1951).

2. Überall dasselbe

1 Es gibt daneben noch IGLU, bei dem 9-jährige Grundschüler
und Grundschülerinnen auf ihr Leseverständnis getestet werden, und die »Third International Mathematics and Science
Study« kurz: TIMSS, die Schüler und Schülerinnen der siebten
und achten Klasse danach überprüft, inwiefern sie den curri-
cularen Vorgaben des jeweiligen Landes in den Fächern Mathematik und Naturwissenschaften entsprechen. Die muss
man deshalb aufführen, weil sie für das Ranglistenbewusstsein
der Deutschen teilweise schmeichelhaftere Ergebnisse er-
brachten.

2 Siehe Deutsches PISA-Konsortium (Hrsg.), PISA 2000.
Basiskompetenzen von Schülerinnen und Schülern im internationalen Vergleich, Opladen 2001, S. 173 und 229.

3 Das änderte sich in den folgenden Erhebungen von 2003 und 2010 zwar insofern, als Japan insbesondere in der Lesekompetenz deutlich abfiel und Deutschland deutlich aufholte, aber im Ganzen schneiden die japanischen Kinder nach wie vor besser ab als die deutschen.

4 Jürgen Baumert u. a., TIMSS. Mathematisch-naturwissenschaftlicher Unterricht im internationalen Vergleich, Opladen 1997, S. 31f.

5 Mitsuru Taki, Ganztagsschule in Japan, in: Hans-Uwe Otto und Thomas Coelen (Hrsg.), Ganztätige Bildungssysteme. Innovation durch Vergleich, Münster 2005, S. 57–62.

6 Kerstin und Ulrich Teichler, Der Übergang vom Bildungs- ins Beschäftigungssystem in Japan, in: Bildung und Erziehung, Jg. 50, 1997, S. 409–430.

7 Julian Dierkes, Teaching in the Shadow: Operators of Small Shadow Education Institutions in Japan, in: Asia Pacific Educational Review, Jg. 11, 2010, S. 25–35.

8 Toshiko Ito, Zwischen »Fassade« und »wirklicher Absicht«. Eine Betrachtung über die dritte Erziehungsreform in Japan, in: Zeitschrift für Pädagogik, Jg. 43, 1997, S. 449–466, hier S. 456f.

9 Siehe Barbara Drinck, Marktorientierung im japanischen Bildungssystem. Einblick in den gegenwärtigen japanisch-deutschen Diskurs, in: Zeitschrift für Erziehungswissenschaft, Jg. 5, 2002, S. 261–278.

10 Barbara Drinck, Leistung und Lernen im »überhitzten« Bildungssystem Japans, in: Bildung und Erziehung, Jg. 59, 2006, S. 337–352.

11 Siehe Walter Dawson, Private Tutoring and Mass Schooling in East Asia: Reflections of Inequality in Japan, South Korea, and Cambodia, in: Asia Pacific Educational Review, Jg. 11, 2010, S. 14–24.

3. Worum es wirklich geht

1 So wird für den »Arbeiter- und Bauernstaat« der DDR die wachsende soziale Schließung und die zunehmende Selbstreproduktion der »sozialistischen Dienstklasse« in der Folge der Generationen konstatiert: »Die Kinder der Intelligenz

hatten elfmal beziehungsweise fünfzehnmal bessere Chancen als die Kinder von Facharbeitern beziehungsweise von un- und angelernten Arbeitern und Genossenschaftsbauern. Das heißt, dass sich die relativen Chancen im Vergleich zur Auf- baugeneration um das Fünfzehnfache verschlechtert.« Karl Ulrich Mayer und Heike Solga, Mobilität und Legitimität. Zum Vergleich der Chancenstrukturen in der alten DDR und der alten BRD oder: Haben Mobilitätschancen zu Stabilität und Zusammenbruch der DDR beigetragen?, in: Kölner Zeit- schrift für Soziologie und Sozialpsychologie, Jg. 46, 1994, S. 193–208.

2 Siehe nur Walter Müller, Hildegard Brauns und Susanne Stein- mann, Expansion und Erträge tertiärer Bildung in Deutsch- land, Frankreich und im Vereinigten Königreich, in: Berliner Journal für Soziologie, Jg. 12, 2002, S. 37–62.

3 Heike Solga, Ausbildungslose und die Radikalisierung ihrer sozialen Ausgrenzung, in: Heinz Bude und Andreas Willisch (Hrsg.), Das Problem der Exklusion. Ausgegrenzte, Entbehr- liche, Überflüssige, Hamburg 2006, S. 121–146.

4 Johannes Uhlig, Heike Solga und Jürgen Schupp, Bildungsun- gleichheiten und blockierte Lernpotenziale: Welche Bedeu- tung hat die Persönlichkeitsstruktur für diesen Zusammen- hang?, in: Zeitschrift für Soziologie, Jg. 37, 2009, S. 418–441.

5 Kirsten Heisig, Das Ende der Geduld. Konsequent gegen jugendliche Gewalttäter, Freiburg 2010, S. 32.

4. Die deutsche Tradition

1 Robert Spaemann, Wer ist ein gebildeter Mensch?, in: Scheide- wege, Jg. 24, 1994/95, S. 34–37.

2 Dietrich Schwanitz, Bildung. Alles, was man wissen muss, Frankfurt am Main 1996, S. 394.

3 Zitiert nach Friedrich Wilhelm Graf, Der Protestantismus. Geschichte und Gegenwart, 2. überarbeitete Aufl. München 2010, S. 104.

4 A. a. O., S. 78f.

5 Siehe Manfred Fuhrmann, Bildung. Europas kulturelle Identi- tät, Stuttgart 2006, S. 9ff.

6 Friedrich Wilhelm Graf, Kulturprotestantismus. Zur Begriffs-

geschichte einer theologiepolitischen Chiffre, in: Archiv für Begriffsgeschichte, Jg. 28, 1984, S. 214–268.

7 Ralf Dahrendorf, Bildung ist Bürgerrecht, S. 23.

8 Hartmut von Hentig, Bildung. Ein Essay, München 1996, S. 11.

9 A. a. O., S. 54.

10 Georg Picht, Aus dem Tagebuch eines Schulleiters, in: Erich Boehringer und Wilhelm Hoffman (Hrsg.), Robert Boehringer. Eine Freundesgabe, Tübingen 1957, S. 511–524, hier S. 513f.

11 Ulrich Raulff, Kreis ohne Meister. Stefan Georges Nachleben, München 2009, S. 428ff, nach dem auch die Stelle von Georg Picht zitiert ist (S. 468).

12 A. a. O., S. 488.

5. Der bildungsindustrielle Komplex

1 Gary S. Becker, Familie, Gesellschaft und Politik – die ökonomische Perspektive, Tübingen 1996, S. 29.

2 So die Formulierungen des maßgeblichen Synthetikers der wissenschaftlichen Pädagogik in Deutschland, Heinz-Elmar Tenorth, Bildungsziele, Bildungsstandards und Kompetenzmodelle – Kritik und Begründungsversuche, in: Recht der Jugend und des Bildungswesens, Jg. 51, 2003, S. 156–164, hier S. 156 und 158.

6. Löwen und Füchse

1 Das sind die Begriffspaare von Ralf Dahrendorf, Der moderne soziale Konflikt, Stuttgart 1992.

2 Siehe Nadine Bös, Zwischen Schreibtisch und Gebet, in: Frankfurter Allgemeine Zeitung vom 16./17. Januar 2010, S. C 2.

3 So etwa David Ashton und Francis Green, Education, Training, and the Global Economy, Cheltenham 1996.

4 Christoph Deutschmann, Soziologie kapitalistischer Dynamik. Working Paper des Max-Planck-Instituts für Gesellschaftsforschung, Köln 2009, S. 34.

7. Das teuflische Gut

1 Fred Hirsch, Die sozialen Grenzen des Wachstums. Eine öko-nomische Analyse der Wachstumskrise, Reinbek bei Ham-burg 1980 (amerikanisch zuerst 1976).
2 Kenneth J. Arrow, Higher Education as a Filter, in: Journal of Public Economics, Jg. 2, 1973, S. 193–216.
3 Robert H. Frank, Falling Behind. How Rising Inequality Harms the Middle Classes, Berkeley 2007.
4 Katherine S. Newman und Victor Tan Chen, The Missing Class. Portraits of the Near Poor in America, Boston 2007.

8. Die derangierte Institution

1 Vgl. etwa Sigrid Blömeke, Das Lehrerbild in Printmedien. Inhaltsanalyse von »Spiegel«- und »Focus«-Berichten seit 1990, in: Die Deutsche Schule, Bd. 97, 2005, S. 24–39.
2 Martin Brunner und andere, Die professionelle Kompetenz von Mathematiklehrkräften: Konzeptualisierung, Erfassung und Bedeutung für den Unterricht. Eine Zwischenbilanz des COACTIV-Projekts, in: Manfred Prenzel und Lars Allolio-Näcke (Hrsg.), Untersuchungen zur Bildungsqualität von Schule. Abschlußbericht des DFG-Schwerpunktprogramms, Münster 2006, S. 54–82.
3 Jürgen Baumert und Mareike Kunter, Stichwort: Professio-nelle Kompetenz von Lehrkräften, in: Zeitschrift für Erzie-hungswissenschaften, Jg. 9, 2006, S. 469–520.
4 Bei Versetzungen in den Ruhestand liegt bei der Berufsgruppe der Lehrkräfte mit 24 Prozent eine überdurchschnittliche Quote vorzeitiger Pensionierung wegen Dienstunfähigkeit vor. In mehr als der Hälfte der Fälle geht das auf festgestellte psychische Belastungen und Störungen zurück. Siehe Helmut Heyse, Psychische Gesundheit im Lehrerberuf, in: Berufsver-band Deutscher Psychologinnen und Psychologen (Hrsg.), Psychische Gesundheit am Arbeitsplatz in Deutschland, Ber-lin 2008, S. 37–44.
5 Theodor W. Adorno, Tabus über den Lehrberuf, in: ders., Stichworte. Kritische Modelle 2, Frankfurt am Main 1969, S. 68–84.

6 Dies ist die zentrale Formel der Fortführung der Professions-
theorie von Talcott Parsons durch Ulrich Oevermann, Kodifi-
ziertes theoretisches Wissen und persönliche Erfahrung in der
stellvertretenden Krisenbewältigung professionalisierter Praxis, in: Johannes Fried und Thomas Keller (Hrsg.), Wissens-
kulturen. Beiträge zu einem forschungsstrategischen Konzept,
Berlin 2003, S. 195–210.

9. Der politische Fehlschluss

1 So in einem Programmtext von 1968 Jürgen Habermas, Technik und Wissenschaft als »Ideologie«, in: ders., Technik und
Wissenschaft als »Ideologie«, Frankfurt am Main 1968, S. 48–
103, hier S. 86.
2 Ein vielzitierter Aufsatz stammt von Jürgen Baumert, Lang-
fristige Auswirkungen der Bildungsexpansion, in: Unter-
richtswissenschaften, Jg. 19, 1991, S. 333–349.
3 Siehe die für die deutschen Verhältnisse maßgebliche Studie
Helmut Fend, Fred Berger und Urs Grob (Hrsg.), Lebensverläufe, Lebensbewältigung, Lebensglück. Ergebnisse der LifE-
Studie, Wiesbaden 2009.

10. Gute Nachrichten

1 Karl Mannheim, Über das Wesen und die Bedeutung des wirt-
schaftlichen Erfolgsstrebens, in: ders, Wissenssoziologie. Aus-
wahl aus dem Werk, Neuwied am Rhein und Berlin 1964,
S. 625–687, hier S. 651.
2 Siehe etwa Dirk Konietzka, Die soziale Differenzierung von
Übergangsmustern in den Beruf, in: Kölner Zeitschrift für
Soziologie und Sozialpsychologie, Jg. 54, 2002, S. 645–673.
3 So salopp nennt ihn in seinen berühmten Passagen über Bildung Hans-Georg Gadamer, Wahrheit und Methode. Grund-
züge einer philosophischen Hermeneutik, Tübingen 1972,
S. 11.